Differenzgeschäft

und

Börsentermingeschäft

in

Gesetzgebung und Rechtsprechung.

Juristische Glossen zu den unter der Herrschaft des Börsengesetzes vom 22. Juni 1896 ergangenen börsenrechtlichen Reichsgerichtsentscheidungen.

Im Auftrage des

Centralverbands des Deutschen Bank- und Bankiergewerbes

veröffentlicht.

Berlin 1904.

J. Guttentag, Verlagsbuchhandlung,

G. m. b. H.

In der folgenden — ursprünglich als ein Teil unserer im Dezember vorigen Jahres veröffentlichten Denkschrift*) geplanten — Abhandlung wird auf Grund einer eingehenden, streng juristischen Untersuchung über das Börsengesetz vom 22. Juni 1896 und die unter seiner Herrschaft ergangene börsenrechtliche Judikatur die Notwendigkeit einer gründlichen Aenderung dieses Gesetzes dargetan.

Im Hinblick darauf, dass diese Revision, gemäss der bei der Eröffnung der XI. Legislaturperiode des Reichstags erfolgten Ankündigung, demnächst zur Diskussion stehen wird, darf für die Arbeit ein allgemeineres Interesse erhofft werden, zumal es bis jetzt an einer die Ergebnisse unserer neueren Rechtsprechung in Börsensachen zusammenfassenden kritischen Abhandlung, wie sie hier geboten wird, gefehlt hat.

Möge auch diese Schrift zur Erfüllung der Erwartungen auf eine baldige Revision des Börsengesetzes beitragen.

Der Centralverband
des Deutschen Bank- und Bankiergewerbes
(Eingetragener Verein).

---

*) Denkschrift betreffend die Wirkungen des Börsengesetzes vom 22. Juni 1896 und der durch das Reichsstempelgesetz vom 14. Juni 1900 eingeführten Börsensteuererhöhung.

Differenzgeschäft und Börsentermingeschäft in Gesetzgebung und Rechtsprechung.

A. Differenzgeschäfte.

I. Einleitung.

Um die Gesetzgebung und Rechtsprechung in Bezug auf die sogenannten „Differenzgeschäfte“ richtig verstehen zu können, ist es erforderlich, mit kurzen Worten auf die Entstehungsgeschichte des jetzt in dieser Hinsicht geltenden Rechts, nämlich des § 764 B.G.B. zurückzugreifen.

Das Reichs-Oberhandelsgericht hat sich vielfach und in ständiger und gleichmässiger Rechtsprechung über das Wesen des Differenzgeschäfts geäussert (vgl. E. vom 4. Juni 1872 Bd. 6 S. 223; vom 7. März 1873 Bd. 9 S. 201; vom 12. Juni 1874 Bd. 14 S. 273; vom 21. November 1874 Bd. 15 S. 273; vom 23. März 1875 Bd. 17 S. 41).

In der E. vom 21. November 1874 (Bd. 15 S. 279) hat es sich über das Differenzgeschäft insbesondere folgendermassen ausgesprochen: „Nicht durch die „Intention“ der Parteien, sondern durch deren übereinstimmende Willenserklärung, durch deren erkennbare Vereinbarung, dass das Recht des gewinnenden Teils, wie die Verpflichtung des verlierenden sich auf Leistung einer Geldsumme beschränken solle, welche der Differenz zwischen dem stipulierten Preise und dem Börsenpreise des Stichtages entspricht, unterscheidet sich das wahre Differenzgeschäft, dessen Gültigkeit oder Klagbarkeit in Frage steht, von den unzweifelhaft gültigen und klagbaren Spekulationsgeschäften. Die Absicht, Intention, das Motiv einer Erledigung des Geschäftes durch blosse Regulierung der Differenz liegt sehr zahlreichen, vielleicht den meisten Börsengeschäften über Wertpapiere und andere häufigen Preisveränderungen ausgesetzten Waren zu Grunde. Dies ist aber für den juristischen Charakter des Geschäfts irrelevant, sofern nicht vertragsmässig das Recht auf Lieferung bezw. auf Abnahme und Zahlung ausgeschlossen ist."

An diesem Standpunkt ist in der Entscheidung des R.O.H.G. vom 23. 3. 1875 (Bd. 17 S. 41) festgehalten: „Das Differenzgeschäft", heisst es hier, „erfordert eine übereinstimmende Willenserklärung, eine beim Abschluss des Geschäfts getroffene Vereinbarung, dass Recht und Pflicht zu effektiver Lieferung ausgeschlossen, Recht und Pflicht nur auf eine Geldsumme (Differenz) beschränkt sein solle. Die Absicht, die blosse Differeuz zu regulieren, liegt zahlreichen Börsengeschäften über Wertpapiere zu Grunde; aber dies allein ist für den rechtlichen Charakter dieser Geschäfte unerheblich, wenn nicht vertragsmässig das Recht auf reelle Lieferung und Abnahme ausgeschlossen ist."

Auch das Reichsgericht hatte anfänglich (vgl. noch E. vom 2. Februar 1884 Bd. 12 S. 15, insbes. S. 17) den Standpunkt des Reichs-Oberhandelsgerichts über den Begriff und das Wesen des Differenzgeschäfts durchaus geteilt; jedenfalls seit dem Jahre 1892 hat es aber einen anderen Standpunkt eingenommen, wie sich insbesondere aus seinen Entscheidungen vom 19. November 1892 (Bd. 30 S. 214) und vom 23. November 1892 (das. S. 28) ergibt

In dem Urteil vom 19. November 1892 wird der Charakter des Geschäfts als reinen Differenzgeschäfts daraus hergeleitet, dass der Kläger erklärt hat, er besitze kein Geld zur effektiven Anschaffung, und dass darauf der Agent des Beklagten erwiderte, dass es sich nicht um den Kauf oder Verkauf der Stücke handele, sondern nur um die Differenzen. „Daneben bedurfte es nicht noch der darin von selbst enthaltenen ausdrücklichen Ausschliessung des Rechts und der Pflicht zur Lieferung und Abnahme für beide Teile."

Noch klarer und entschiedener tritt der neue Standpunkt des Reichsgerichts in den beiden Urteilen vom 20. Oktober 1894 (Bd. 34 S. 264) und vom 17. November 1894 (Holdheim's Monatsschrift Jhrgg. 4 S. 82) hervor.

In der erstgedachten Entscheidung bezeichnet das Reichsgericht auch in den Fällen, in denen Jemand sich eines Kommissionärs bedient hat, um Börsengeschäfte abzuschliessen, die dieser demnächst einer Berliner Bank weitergegeben und mit dieser in Wirklichkeit abgeschlossen hat und zwar ohne besondere die effektive Ertüllung ausschliessende Abreden, als „Anzeigen“ für das Vorhandensein eines Differenzgeschäfts: 1. den dem Börsengeschäft völlig fernstehenden Lebensberuf des Beklagten; 2. das überaus starke Missverhältniss seiner Vermögenslage zu dem Umfange des Engagements; 3. die sehr geringe Deckung, die er der Klägerin gegeben hatte und 4. die lebhafte Fortsetzung des Geschäftsverkehrs, nachdem die Deckung bereits absorbiert war.

Bezüglich des zu 2 gedachten Punktes wird sodann „für das Missverhältnis zwischen der Höhe der Engagements und dem Vermögen des Beklagten“ nicht der Betrag der auf dem Geschäfte voraussichtlich ruhenden Differenz, sondern die Höhe der eingegangenen Verpflichtung selbst als entscheidend angesehen, indem die Möglichkeit, ein Gegengeschäft abzuschliessen, für unerheblich erklärt wird. Dementsprechend heisst es in dem Urteil vom 17. November 1894 wörtlich: „Hierdurch aber wird die Spielnatur des Grundgeschäfts, vorausgesetzt, dass dieselbe sich aus den sonstigen Umständen des Falles ergibt, nicht beseitigt; denn der Abschluss des Gegengeschäfts ist in solchen Fällen nichts anderes, als eine verfrühte Differenzausgleichung.“

Sodann aber wird in diesem Urteil noch ein besonderes subjektives Moment auf Seiten des Gegners der den Spieleinwand erhebenden Person hervorgehoben: die Vermögenslosigkeit des Spielers oder das Missverhältnis seines Vermögens zu seinen Engagements stempeln das abgeschlossene Geschäft nur dann zu einem Spielgeschäft (Differenzgeschäft), „sofern anzunehmen ist, dass seine Vermögenslage dem anderen Kontrahenten (also dem Kläger) bei Eingehung der Geschäfte bekannt war.“

II. Gesetzgebung.

Diese durch das Reichsgericht geschaffene Rechtslage war gegeben, als einerseits die Börsenenquetekommission zwecks Vorbereitung eines umfassenden Börsengesetzes und andererseits die sogenannte zweite Kommission für den Entwurf eines B.G.B. tagte.

Bereits der erste Entwurf des B.G.B. (Motive Bd. 2 S. 647) hatte erwogen, ob die sogenannten Differenzgeschäfte gesetzgeberisch zu regeln seien; der Entwurf sprach sich aber dagegen aus, indem er fesstellte, dass „reine Differenzgeschäfte“ „im Verkehr und namentlich im kaufmännischen Verkehre selten sind“ und „im praktischen Leben nicht die geringste Rolle spielen.“

In der vorerwähnten zweiten Kommission für den Entwurf eines B.G.B. wurde nun nach Beratung des dem jetzigen § 762 B.G.B. (über Spiel und Wette) entsprechenden § 664 des ersten Entwurfs beantragt, diesem § Folgendes hinzuzufügen:

„Ein Vertrag, nach welchem der Eine dem Anderen den Unterschied zwischen dem vereinbarten Preise einer Sache und dem, dem Versprechenden noch nicht bekannten Kurse oder Marktpreise, welchen sie zu einer bestimmten Zeit gehabt hat oder haben wird, zahlen soll, gilt als Spiel. Das findet insbesondere Anwendung auf Lieferungsgeschäfte, bei welchen erkennbarer Weise die Absicht der Vertragschliessenden nicht darauf gerichtet ist, dass eine Erfüllung nach Vertragsinhalt geschehen, sondern die Abwickelung durch Zahlung des Unterschiedes zwischen dem bedungenen Preise und dem Kurse oder Marktpreise zur Erfüllungszeit geschehen soll.“

Dieser Antrag wurde aber nach eingehender Beratung von dem Antragsteller zurückgezogen, weil die Börsenenquetekommission mit der Frage nach der Giltigkeit und Klagbarkeit der Differenzgeschäfte befasst sei. (Protokolle der zweiten Kommission Bd. 2 S. 804).

Bei diesem ablehnenden Standpunkt der zweiten Kommission behielt es auch dergestalt sein Bewenden, dass selbst der dem Reichstage vorgelegte sogenannte „dritte“ Entwurf eines B.G.B. eine dem jetzigen § 764 B.G.B. entsprechende Vorschrift über Differenzgeschäfte nicht enthielt.

Erst die Kommission, welche der Reichstag zur Beratung des ihm vorgelegten dritten Entwurfs des B.G.B. eingesetzt hatte, schaltete einen neuen § 749a ein, der als § 764 unveränderte Aufnahme in das B.G.B. gefunden hat. Der Kommissionsbericht (Drucksachen des Reichstages No. 440, 9. Leg.-Per. 4. Session 1895/96 S. 98) sagt über die Verhandlungen, welche zur Einstellung dieses Paragraphen führten, wörtlich folgendes:

„Es war der Antrag gestellt, das Differenzgeschäft ausdrücklich im Bürgerlichen Gesetzbuch für nichtig zu erklären. Nach vielen Erwägungen und Zweifeln in Theorie und Praxis habe das Reichsgericht anerkannt, dass das Differenzgeschäft ein Spiel und folglich klaglos sei. Dieser Grundsatz aber müsse im Bürgerlichen Gesetzbuch ausgesprochen werden, einmal, weil er in erster Linie ein Grundsatz des bürgerlichen Rechts, nicht etwa nur einer Börsenordnung sei, andererseits, weil die jetzt herrschende Theorie und Praxis, wie sie entstanden, auch wieder durch eine andere Ansicht verdrängt werden könne.

Von den Vertretern der verbündeten Regierungen wurde dem Antrag widersprochen: es sei ausserordentlich schwierig, eine Fassung zu finden, welche die Fälle des Differenzgeschäftes genau decke; richtiger sei es daher, die sehr schwierigen Einzelfragen der Judikatur zu überlassen, die sich hier auf dem richtigen Wege befinde, namentlich aber sei einer Entscheidung der Frage im Bürgerlichen Gesetzbuch deshalb zu widerraten, weil gegenwärtig der Reichstag sich bei der Beratung des Börsengesetzes auf Grund eines weit umfassenderen Materials und viel eindringenderer Erörterungen mit den gleichen und ähnlichen Fragen beschäftige, und das Börsengesetz voraussichtlich eher die Stadien der Gesetzgebung durchlaufen werde, als das Bürgerliche Gesetzbuch. Sollten die Bestimmungen des Börsengesetzes nicht genügen, so könne man dann der Sache noch näher treten.

Die Kommission entschloss sich jedoch mit Stimmenmehrheit, die Frage schon jetzt vorläufig zu ordnen und einen formulierten Paragraphen in den Entwurf aufzunehmen, den eventuell wieder aus dem Entwurf zu entfernen oder umzugestalten dem Reichstage weit leichter sein werde, als eine Neuformulierung, wenn das Plenum unvorbereitet vor die Frage gestellt werden sollte.

Der gestellte Antrag wurde hieraut nach mehrfachen Abänderungen angenommen."

Obgleich diese Beschlussfassung der Kommission sich nur als eine vorläufige hinstellt, die dem Plenum des Reichstages die Gelegenheit geben sollte, den Paragraphen eventuell umzuformen oder aus dem Entwurfe wieder zu entfernen, ist derselbe doch ohne jede Erörterung im Plenum in zweiter und dritter Lesung unverändert in folgender Fassung (als jetziger § 764) angenommen:

„Wird ein auf Lieferung von Waren oder Wertpapieren lautender Vertrag in der Absicht abgeschlossen, dass der Unterschied zwischen dem vereinbarten Preise und dem Börsen- oder Marktpreise der Lieferzeit von dem verlierenden Teile an den gewinnenden gezahlt werden soll, so ist der Vertrag als Spiel anzusehen. Dies gilt auch dann, wenn nur die Absicht des einen Teiles auf die Zahlung des Unterschieds gerichtet ist, der andere Teil aber diese Absicht kennt oder kennen muss."

Muss schon diese Entstehungsgeschichte des § 764 Bedenken gegen dessen Inhalt uud Fassung wachrufen, so werden diese noch verstärkt, wenn man berücksichtigt, wie die amtliche Begründung zu dem Entwurf des Börsengesetzes (Stenographische Berichte des Reichstages 9. Leg.-Per. 4 Session 1895/97 1. Anlage-Band Drucksachen Nr. 14) und die Regierungsvertreter bei der Beratung dieses Gesetzentwurfes in der Reichstagskommission über den Differenzeinwand im allgemeinen und dessen Ausgestaltung durch die Praxis, (die dann im § 764 B.G.B. lediglich codifiziert worden ist), sich geäussert haben.

So heist es in jener amtlichen Begründung (a. a. O. S. 26) wörtlich: „Während die neue Rechtsprechung auch den berechtigten Terminhandel gefährdet und unzuverlässigen Schuldnern Auswege offen lässt, deren Benutzung der Gegenkontrahent nicht hat voraussehen können usw.“

Und ebenso hat sich bei der Beratung des Börsengesetzentwurfes in der Kommission ein Regierungsvertreter gegenüber einem Antrage auf Beseitigung des jetzigen § 69, (welcher den im Börsenregister eingetragenen Personen gegenüber die Geltendmachung des Differenzeinwandes ausschliesst), dahin geäussert:

„Regierungsseitig wurde entschieden für die Beibehaltung des § 66 (jetzt § 69) eingetreten. Der Differenzeinwand sei auf der einen Seite nicht zur Abschwächung der Uebelstände des Börsenspiels geeignet, auf der anderen Seite trage er in seiner heutigen praktischen Gestalt eine ausserordentliche Rechtsunsicherheit in den Verkehr und es erscheine unhaltbar, wenn man gesetzlich die Möglichkeit habe, beim Glücken einer Spekulation die Gewinne einzustreichen, beim Fehlschlagen sich durch Erhebung des Einwandes dem Verluste zu entziehen.“ (Kommissionsbericht, Drucksachen des Reichstages Nr. 246; 2. Anlage-Band Session 1895/97 S. 1489.)

Wenn trotz dieser schwerwiegenden Bedenken gegen die Zulässigkeit des Differenzeinwandes das Gesetz im § 764 B.G.B. die damals geltende Praxis des Reichsgerichts codifiziert hat, so darf es uns wohl im Grunde nicht Wunder nehmen, dass auch die unter Geltung des § 764 ergangenen Urteile vom wirtschaftlichen und gesetzgeberischen Standpunkte aus im höchsten Grade bedenklich und anfechtbar erscheinen.

Ehe dies im einzelnen durch Mitteilung und Zergliederung

der seit dem Inkrafttreten des B.G.B. ergangenen Entscheidungen des Reichsgerichts nachgewiesen wird, soll hier kurz die Bedeutung und Tragweite des § 764 B.G.B. klargelegt werden.

1. Vorweg ist zu bemerken, dass der § 764 B.G.B. sich keineswegs blos auf Börsengeschäfte bezieht, vielmehr nach seiner allgemeinen Fassung jedes Rechtsgeschäft betrifft, auf das die dort angegebenen Kriterien Platz greifen.

2. Schon die Wortfassung erweist sich als eine wenig glückliche: es soll ein auf Lieferung von Waren oder Wertpapieren lautender Vertrag, der in der Absicht abgeschlossen ist, dass der Unterschied zwischen dem vereinbarten Preise und dem Börsen- oder Marktpreise der Lieferungszeit von dem verlierenden Teile an den gewinnenden gezahlt werden soll, als „Spiel" anzusehen sein.

Hier erhebt sich sofort die Frage, was denn nun eigentlich den Gegenstand, das Objekt des Vertrages bildet, ob durch diesen Vertrag eine rechtliche Verpflichtung zur Lieferung von Waren oder Wertpapieren, oder zur Zahlung einer „Differenz" geschaffen werden soll, oder ob die Verpflichtung beides, nämlich sowohl die effektive Lieferung, wie die Differenzzahlung in sich begreift und wer eventuell das Wahlrecht zwischen diesen beiden Verpflichtungen auszuüben berechtigt sein soll?

Um eine Lösung dieser Fragen zu ermöglichen, ist es erforderlich, die schon im Eingang angedeutete Wandlung, welche im Laufe der Zeiten der Begriff des „Differenzgeschäftes" erfahren hat, etwas näher ins Auge zu fassen.

a) Ursprünglich betrachtete man als „wahres" — oder, wie es jetzt heisst „reines" — Differenzgeschäft nur ein solches, wie es in der oben mitgeteilten Rechtsprechung des Reichs-Oberhandelsgerichts gekennzeichnet ist, an dessen Auffassung, wie bemerkt, ursprünglich auch das Reichsgericht festgehalten hat, indem es noch in der Entscheidung vom 2. Februar 1884 (Bd. 12 S. 15, insbesondere Seite 17) den Differenzeinwand um deswillen für unbegründet erklärt, weil „die Beklagte nur behauptet und unter Beweis gestellt hat, im Verkehre zwischen H. und T., auch im vorliegenden Falle, sei wirkliche Lieferung von keiner Seite beabsichtigt, nicht aber, es sei das Begehren wirklicher Lieferung vertragsmässig ausgeschlossen gewesen."

Nach dieser in der älteren Rechtsprechung des Reichsgerichts festgehaltenen Auffassung, die in grösster Klarheit in den Motiven zum ersten Entwurf des B.G.B. (Bd. 2 S. 647) zum Ausdruck gelangt ist, wird dort ein „wahres Differenzgeschäft“ folgendermassen gekennzeichnet:

„Ein wahres Differenzgeschäft liegt dann vor, wenn bei einem Lieferungsgeschäfte auf Zeit die Bestimmung des Kaufpreises nur die Bedeutung hat, den Ausschlag zu geben für die Entscheidung, ob eine und welche Partei den Unterschied zwischen dem bedungenen Preise und dem Markt- oder Börsenpreise des Stichtages zu zahlen habe, sodass das Geschäft sich als wirkungslos ergibt, sofern der Markt- oder Börsenpreis nicht von einander abweichen, während anderenfalls der eine oder andere Teil die Differenz zu entrichten hat, oder wenn bedungen ist, dass kein Teil die Lieferung oder Abnahme zu verlangen berechtigt, bezw. zu bewirken verpflichtet, vielmehr nur die Differenz zwischen dem Börsen- oder Marktpreise des Stichtages und dem bedungenen Preise gefordert werden könne und geleistet zu werden brauche.“

Dem gegenüber behaupten wir, dass Verträge der zuletzt geschilderten Art, welche allerdings die herrschende Meinung als den eigentlichen Typus von „wahren“ oder „reinen“ Differenzgeschäften ansieht, nicht blos, wie die Motive meinen, im Verkehre selten sind, sondern in Wirklichkeit überhaupt nicht vorkommen, ja schon als eine juristische Unmöglichkeit bezeichnet werden müssen.[1])

Nur das gerade bei der Lehre vom Differenzgeschäft überall sich findende „Spiel mit Worten“, das darauf abzielt, das Differenzgeschäft als „Spiel“ zu stempeln, hat das Aufkommen jener Lehre ermöglicht: es klingt ganz plausibel von einem auf Lieferung von Waren oder Wertpapieren gerichteten Vertrage zu reden, bei welchem aber kraft besonderer Vereinbarung „die effektive Erfüllung“ ausgeschlossen ist und an ihre Stelle die Differenzzahlung tritt; es „klingt“ aber nur so, da sich bei näherer Betrachtung ein derartiger Vertrag als ein vollständiger Widersinn[2]) erweist.

Das Schema eines derartigen Vertrages würde lauten: A. ver-

---

[1]) Vergl. Neander Müller in seiner lesenswerten Schrift: Differenztheorie und Börsengeschäfte; Berlin 1902; 2. Aufl. S. 13 und 14.

[2]) So sagt auch das O.L.G. Hamburg (Entsch. des R.G. Bd. 34 S. 87), es sei unverständlich, dass Jemand auf den wunderlichen Gedanken kommen könne, ein Spielgeschäft statt zweier Effektivgeschäfte abzuschliessen.

pflichtet sich als Verkäufer, dem B. als Käufer an einem späteren (festen) Termin („per ultimo“) eine bestimmte Quantität Waren oder Wertpapiere zu einem bestimmten Preise zu liefern; gleichzeitig vereinbaren aber beide Parteien „den Ausschluss der Effektiverfüllung“ und „Differenzzahlung“, d. h. es wird vereinbart, dass A. die Waren oder Wertpapiere nicht liefern, B. den vereinbarten Kaufpreis nicht zahlen soll; vielmehr soll A. dem B. eine bestimmte Summe Geldes zahlen, wenn der zwischen ihnen vereinbarte Kaufpreis niedriger ist, als derjenige Markt- oder Börsenpreis, den die Ware am Lieferungstage hat (und zwar die Differenz zwischen dem vereinbarten Preise und dem Preise am Tage der Lieferzeit), und B. soll nicht den vereinbarten Kaufpreis zahlen, auch nicht zur Abnahme der Waren oder Wertpapiere verpflichtet sein, sondern dem A. diejenige Summe zahlen, um welche der am Lieferungstage für die Ware oder das Wertpapier geltende Markt- oder Börsenpreis „den vereinbarten Kaufpreis“ übersteigt. Es ist ohne weiteres klar, dass die zweite Vereinbarung die erste vollständig aufhebt, und es liegt in einer derartigen Vereinbarung deshalb geradezu ein Widersinn. Denn warum vereinbaren die Parteien zunächst einen auf Lieferung von Waren oder Wertpapieren gerichteten Vertrag, um in demselben Atemzuge „die effektive Erfüllung auszuschliessen“, d. h. zu vereinbaren, dass die Lieferung nicht stattfinden soll? Die erste Vereinbarung hat neben der zweiten absolut keinen Sinn und es ist gar nicht abzusehen, wie vernünftige Menschen auf die Idee kommen könnten, in ernsthafter Weise einen derartig perplexen Vertrag abzuschliessen. Man könnte vielleicht sagen, dass sie durch den Abschluss des ersten Teiles des Vertrages ihre wahre Absicht verdecken wollen; aber das geschieht ja gar nicht, wenn sie gleichzeitig diese wahre Absicht „durch den vertragsmässigen Ausschluss der Effektiverfüllung“ offenbaren, wenn sie also deutlich und für jedermann erkennbar erklären, dass es ihnen mit der Lieferung gar nicht ernst ist, dass sie vielmehr nur eine „Differenz“ zahlen wollen.

Wir behaupten demnach, dass das in der älteren Rechtsprechung und Rechtslehre als „reines Differenzgeschäft“ bezeichnete Rechtsgeschäft ein juristisches und wirtschaftliches Unding ist, das überhaupt im wirklichen Leben niemals vorkommt vielmehr ein Kunstprodukt der „Begriffsjurisprudenz" ist.[1])

b. Von diesem „reinen Differenzgeschäft" weiss denn auch die neuere Rechtsprechung des Reichsgerichts nichts mehr, während dasselbe allerdings in den Lehrbüchern sein theoretisches Leben fortführt.

In der neueren oben mitgeteilten Rechtsprechung des Reichsgerichts ist gerade ein auf die Lieferung von Waren oder Wertpapieren gerichtetes Termingeschäft dann als ein „Differenzgeschäft" bezeichnet worden, wenn die aus bestimmten Umständen erkennbare, aber **nicht ausgesprochene** Absicht der Parteien dahin festgestellt werden konnte, dass sie in Wirklichkeit nicht auf Effektiverfüllung, sondern auf Differenzzahlung ging. Hier bekam die Absicht der Parteien nicht nur die Bedeutung eines rechtlich gleichgiltigen „Motivs" — sie wurde vielmehr für den Charakter des Rechtsgeschäftes bestimmend und es wurde aus dieser „Absicht" der ausgesprochene, aber simulierte Wille der Parteien in deren wahren Willen umgedeutet, ihr wahrer Wille aus den den Vertragsschluss begleitenden Umständen aufgedeckt.

So aufgefasst, ergibt die neue Rechtsprechung des Reichsgerichts und ihre im § 764 B.G.B. erfolgte Kodifizierung einen juristisch brauchbaren Sinn: es soll danach ein auf Lieferung von Waren oder Wertpapieren lautender Vertrag, der in der Absicht abgeschlossen ist, dass der Unterschied zwischen dem vereinbarten und dem Börsen- oder Marktpreise der Lieferungszeit von dem verlierenden Teile an den gewinnenden gezahlt werden soll, als „Spiel" anzusehen sein. Diese Fassung kann nur dahin gedeutet werden, dass ein Vertrag gemeint ist, der zwar „zum Schein" auf Lieferung von Waren oder Wertpapieren „lautet", der aber in Wirklichkeit lediglich auf

---

[1]) Ebenso schon Wiener (Das Differenzgeschäft vom Standpunkte der jetzigen Rechtsprechung, Berlin 1893), der (S. 54) mit Recht sagt: „Ernstlicher Abschluss eines Kaufvertrages und Spieltätigkeit sind unvereinbare Gegensätze."

Dass die Tatsachen, aus denen das R.G. die Existenz sog. „reiner", die Effektiverfüllung ausschliessender „Differenzgeschäfte" folgert, (siehe R.G. Bd. 34 S. 87 und 88) nicht absolut schlüssig sind, darauf haben schon Wiener (a. a. O. S. S. 44, 59), Bendixen, Holdheim's Monatsschr. Jahrg. 4 S. 113) und neuestens Wermert (Annalen des Deutschen Reiches 1903 S. 509) hingewiesen.

Zahlung „der Differenz" von vornherein gerichtet ist, sodass also in Wirklichkeit ausschliesslich die Zahlung der Differenz „in obligatione" und „in solutione" ist; mit anderen Worten: die Lieferung von Waren oder Wertpapieren, auf welche der Vertrag „lautet", ist der Deckmantel für die wahre „auf Zahlung einer Differenz gerichtete Absicht". Diese Absicht darf und kann aber nach dem oben Bemerkten auch gar nicht im Vertrage selbst zum Ausdrucke kommen; vielmehr muss sich aus anderen neben dem Vertragsinhalt liegenden „Umständen" die wahre Absicht der Parteien erschliessen lassen.

Aus den „Umständen" muss sich nämlich die „übereinstimmende Absicht" der Parteien ergeben, dass „Effektiverfüllung" ausgeschlossen sein soll. Nur so lässt sich Satz 1 des § 764 deuten. Eine übereinstimmende Absicht bedeutet aber nichts anderes in diesem Zusammenhange, als eine „übereinstimmende Willensrichtung"; mithin muss neben dem ausdrücklich vereinbarten Vertrage ein aus den Umständen zu erschliessender „stillschweigender" übereinstimmender Wille, mithin ein „stillschweigender Vertrag" der Parteien einhergehen, wonach der „scheinbar" abgeschlossene Vertrag nur den Deckmantel für einen Vertrag ganz anderen Inhaltes bilden soll. Bei dieser Auslegung gewinnt die „Absicht" der Parteien eine ganz andere Bedeutung, wie sie ihr die Rechtssprechung des Reichs-Oberhandelsgerichtes und die ältere Judikatur des Reichsgerichtes gegeben hatten, die darin nur ein rechtlich irrelevantes „Motiv" erblickten. Dass aber das Gesetz weitergeht und die „Absicht" der Parteien als ihre wahre „Willensrichtung" umdeutet, ergibt auch folgende Erwägung: Wäre diese „Absicht" nicht das den eigentlichen Vertragsinhalt Bestimmende, so würden beide Teile trotz jener „Absicht" Effektiverfüllung verlangen können. Auf der einen Seite könnte also jede Partei auf Erfüllung klagen, auf der anderen könnte die Gegenpartei dieser Klage die Behauptung entgegenstellen, Effektiverfüllung sei in Wirklichkeit nicht beabsichtigt.[1]) Damit wäre aber ein völlig unhaltbarer Rechtszustand geschaffen.

---

[1]) Misst man aber der „Absicht" der Parteien irgend welche juristische Bedeutung nicht bei, so könnte auch, wenn beim Vertragsabschluss auf beiden Seiten die „Absicht" obgewaltet hätte, nicht effektiv erfüllen zu wollen, nur auf „Erfüllung", nicht aber auf „Zahlung einer Differenz" geklagt werden.

Die Bedenken, welche Staub (Anm. 39 zum Exkurs zu § 376 des Handelsgesetzbuches) gegen die Formulierung des Gesetzes geltend macht, indem er behauptet, dass trotz der Absicht der Parteien, nicht effektiv erfüllen zu wollen, begrifflich doch die auf Effektiverfüllung gerichtete Verpflichtungserklärung ernstlich gemeint sein könnte, vermögen wir nicht zu teilen. Denn wenn beide Teile von vornherein nicht die Absicht haben, das zu „wollen", was der Wortlaut des Vertrages sagt, nämlich Effektiverfüllung, so liegt eine rechtlich bindende auf Lieferung von Waren oder Wertpapieren gerichtete Verpflichtungserklärung in Wirklichkeit gar nicht vor. Demnach ist durch eine derartige übereinstimmende „Absicht der Parteien" die Ernstlichkeit des Lieferungsvertrages begrifflich ausgeschlossen.

Nur der hier charakterisierte Vertrag lässt sich als ein „reines Differenzgeschäft" bezeichnen, wogegen ein Vertrag, bei welchem die Lieferung von Waren „in obligatione", daneben die Zahlung der Differenz „in solutione" ist, d. h. bei welchem in Wirklichkeit und ernsthafter Weise die Lieferung von Waren oder Wertpapieren den Gegenstand des Vertrages bildet, jedoch mit der Massgabe, dass es dem Schuldner „freisteht", sich durch Zahlung der Differenz von der Naturallieferung zu befreien, als ein „reines Differenzgeschäft" im Sinne des § 764 B.G.B. nicht bezeichnet werden kann. Ist eine derartige „Vereinbarung" getroffen, so hat diese den Charakter eines Rücktrittsrechts von dem ursprünglichen Vertrage gegen Zahlung eines Reugeldes im Sinne des § 359 B.G.B.: der Verkäufer kann sich bei gestiegenem Kurse durch Zahlung „der Differenz" von der Verpflichtung zur Naturallieferung, der Käufer bei gefallenem Kurse gegen Zahlung „der Differenz" von der Verpflichtung zur Annahme der Ware und zur Zahlung des Kaufpreises befreien. (Derartige Verträge sind begrifflich und juristisch möglich; eine andere Frage ist es, ob sie in Wirklichkeit, insbesondere im Börsenverkehr, vorkommen.)

Nimmt man aber an, dass ein Differenzgeschäft auch dann vorliegen soll, wenn jeder Teil zwar das Recht hat, „Effektiverfüllung" zu verlangen, sofern nur tatsächlich vorausgesetzt wird, es werde zur Effektiverfüllung nicht kommen, sondern es werde der Gegenkontrahent mit der Abwickelung des Geschäfts durch Gewährung der Preisdifferenz einverstanden sein (R.O.H.G Bd. 6 S. 224), so ist eine derartige Annahme mit dem Wortlaut des § 764 B.G.B. nicht vereinbar; denn in diesem Falle kann man nicht sagen, dass die Absicht der Parteien beim Vertragsschlusse auf Zahlung des Unterschiedes zwischen dem vereinbarten Preise und dem Börsen- oder Marktpreise der Lieferungszeit gerichtet ist; vielmehr ist es in diesem Falle gänzlich ungewiss, ob die Zahlung einer „Differenz“ oder die „Effektiverfüllung“ erfolgen wird, während § 764 gerade voraussetzt, dass es zu der letzteren niemals kommt oder kommen soll.

3. Die Differenz, welche zu zahlen ist, muss bestehen „in dem Unterschiede zwischen dem vereinbarten Preise und dem Börsen- oder Marktpreise der Lieferungszeit“.

Daraus ergibt sich von selbst, dass die Lieferungszeit und der Tag des Vertragsabschlusses zeitlich auseinander fallen müssen, dass also, wenn die Lieferung der Waren oder Wertpapiere an dem Tage des Vertragsabschlusses selbst erfolgen soll, der § 764 nicht anwendbar ist, da es alsdann an einem „Unterschied“ zwischen dem vereinbarten Preise und dem Börsen- oder Marktpreise der Lieferungszeit gebricht; denn solche Fälle, in denen jemand am Tage des Vertragsabschlusses zu liefernde Waren oder Wertpapiere, die einen Börsen- oder Marktpreis haben, zu einem anderen, als dem Börsen- oder Marktpreise kauft oder verkauft mit der Absicht, nicht eine Effektiverfüllung zu begehren, sondern lediglich die Differenz zwischen dem am Tage des Vertragsabschlusses selbst bestehenden Unterschied zwischen dem vereinbarten und dem an diesem Tage geltenden Börsen- oder Marktpreise ausgezahlt zu erhalten oder auszahlen zu müssen, dürften faktisch wohl nicht vorkommen.

4. Weiter ist erforderlich, dass von den vertragschliessenden Teilen der eine der gewinnende, der andere der verlierende ist; es muss also Gewinn auf der einen, Verlust auf der anderen Seite in ursächlichem Zusammenhange stehen.

5. Ganz besonders auffallend und den gewöhnlichen juristischen Begriffen widersprechend ist endlich der zweite Satz des § 764 B.G.B., wonach ein als „Spiel“ anzusehendes Differenzgeschäft schon dann vorliegt, wenn auch nur einer der beiden vertragschliessenden Teile beim Vertragsabschluss die „Absicht der Differenzzahlung“ hatte, sofern dem anderen Teile diese Absicht des Vertragsgegners bekannt war oder bekannt sein

musste, d. h. sofern er diese Absicht lediglich infolge seiner Fahrlässigkeit nicht gekannt hat (§ 122 B.G.B.).

Während nämlich sonst zum Zustandekommen eines jeden Vertrages die Willensübereinstimmung beider Teile dergestalt gehört, dass nur dann, wenn beide Teile die gleiche Willensrichtung haben, ein giltiger Vertrag zustande kommt (§ 151 B.G.B.), kann hier die eine Partei lediglich durch ihre Absicht aus einem vollgiltigen und klagbaren Lieferungsgeschäft ein klagloses Differenzgeschäft machen, und dies selbst dann, wenn sie diese Absicht dem Vertragsgegner nicht einmal verlautbart hat, da es genügt, wenn dieser die Absicht des Gegners kannte oder selbst nur kennen musste, d. h. fahrlässiger Weise nicht gekannt hat.

Hier ist also das Wissen oder das fahrlässige Nichtwissen für den Charakter eines Rechtsgeschäftes entscheidend, ein Vorgang, der ohne Beispiel in der ganzen Lehre von den Schuldverhältnissen dasteht, bei denen sonst lediglich der übereinstimmende Wille beider Parteien die Natur des Rechtsgeschäfts bestimmt.

Merkwürdiger Weise hat die Rechtslehre an dieser ganz abnormen Rechtskonstruktion, soweit ersichtlich, bisher keinen Anstoss genommen, dies wohl um deswillen nicht, weil sie davon abgesehen hat, jene eigentümliche Gestaltung aufzudecken, die doch ohne weiteres auf der Hand liegt; nicht die Vereinbarung oder die übereinstimmende Absicht beider Teile, sondern lediglich die Absicht eines Vertragsteiles und die Kenntnis des anderen Teils von dieser Absicht oder die fahrlässige Nichtkenntnis entscheiden über die Natur des Rechtsgeschäfts.

Lässt sich die Kenntnis des einen Teils von der Absicht des anderen Teils, nicht effektiv erfüllen zu wollen, als entscheidend für die Natur des Rechtsgeschäfts allenfalls noch mit der Erwägung rechtfertigen, dass in dem in Kenntnis jener Absicht des Vertragsgegners erfolgten Abschluss des Rechtsgeschäfts ein mindestens stillschweigendes Einverständnis mit jener Absicht, also eine stillschweigende Einigung der Parteien über den Ausschluss der effektiven Erfüllung gefunden werden kann, so geht dies doch für den Fall nicht an, in welchem der eine Teil die Absicht des Vertragsgegners nicht kannte, wenn auch diese Unkenntnis auf einer Fahrlässigkeit beruht.

Auf alle Fälle muss aber angenommen werden, dass die

Kenntnis von der Absicht des Vertragsgegners, nicht effektiv erfüllen zu wollen, bereits zur Zeit des Vertragsabschlusses vorhanden gewesen und dass insbesondere auch die Absicht, nicht erfüllen zu wollen, bereits beim Vertragsabschluss selbst vorgelegen haben muss; denn nimmt man dies nicht an, so ergibt sich das ganz unhaltbare Resultat, dass alsdann jede Partei sich der aus dem Abschluss eines Zeitgeschäfts über die Lieferung von Waren oder Wertpapieren ergebenden Verpflichtung mit der blossen Mitteilung an den Vertragsgegner entziehen könnte, sie beabsichtige nicht, den Vertrag zu erfüllen; damit wäre aber der kaufmännische Verkehr in vielen Fällen geradezu unmöglich gemacht. Wenn z. B. der Kaufmann für seinen Geschäftsbetrieb Waren irgend welcher Art, lieferbar zu einem festen Termin nach dem Geschäftsabschluss kauft und es fällt alsdann der Preis der Ware, so könnte er sich der Verpflichtung zur Abnahme und damit jeder vertraglichen Verpflichtung dadurch entziehen, dass er dem Gegner mitteilt, er werde am Stichtage die Ware nicht abnehmen, sondern die „Differenz" zahlen. Damit hätte er alsdann das „rechtsgiltige Kaufgeschäft" durch einen einseitigen Willensakt zu einem „unklagbaren Differenzgeschäft" gestempelt, eine Folgerung, die man sich nur zu vergegenwärtigen braucht, um ihre Unhaltbarkeit ohne weiteres zu erkennen.

Die Absicht, nicht erfüllen zu wollen, und die Kenntnis des Vertragsgegners von dieser Absicht muss also unter allen Umständen zur Zeit des Vertragsabschlusses vorhanden sein.

Eine besondere Schwierigkeit ergibt sich noch für den Fall, dass der eine Teil die Absicht des Gegners, den Vertrag nicht „effektiv" erfüllen, sondern lediglich die „Differenz" zahlen zu wollen, nicht kennt; angenommen, dass in diesem Falle am „Stichtage" die eine Partei die Erfüllung weigert, die andere aber, eben weil sie keine Kenntnis von der Absicht des Gegners hatte, auf Erfüllung klagt, so muss sie, obwohl sie eine Differenzzahlung gar nicht begehrt, gleichwohl mit ihrer Klage auf Erfüllung abgewiesen werden, wenn sie auch nur aus Fahrlässigkeit die Absicht des Gegners, nicht erfüllen zu wollen, beim Vertragsabschlusse nicht erkannt hat, eine Folgerung, die nach dem Wortlaut des Gesetzes nicht abgelehnt werden kann, obwohl sie jedem gesunden Rechtsgefühl direkt zuwiderläuft.

III. Rechtsprechung.

Im Einklang mit den vorstehenden Ausführungen (unter II, 3) hat das Reichsgericht in den Entscheidungen vom 4. Januar 1902 (Jur. Wochenschr. 1902 Beil. S. 199; Bankarchiv Bd. 1 S. 119), vom 8. März 1902 (Juristische Wochenschrift 1902 S. 257 No. 24; Bankarchiv Bd. 1 S. 138), vom 4. Juni 1902 (Juristische Wochenschrift 1902 S. 445 No. 11) und vom 8. Oktober 1902 (Bd. 52 S. 250) den Kassageschäften den Charakter von Differenzgeschäften im Sinne des § 764 B.G.B. für den Regelfall mit dem Vorbehalt abgesprochen, dass nicht ausnahmsweise erhelle, der Kassakäufer und Kassaverkäufer seien darüber einig, dass nicht geliefert und der Verkaufspreis nicht gezahlt werden solle, sondern dass irgend ein von vornherein bestimmter oder von einem der beiden Teile zu bestimmender Umstand, Tag oder Frist, darüber entscheiden solle, was und von wem zu bezahlen ist.

Im einzelnen sind aus diesen Urteilen folgende Sätze als besonders lehrreich und bezeichnend für die Auffassung des Reichsgerichts hervorzuheben:

1. In dem Urteil vom 4. Januar 1902 hat das Reichsgericht insbesondere folgende Sätze aufgestellt:

a) Ueberall handelt es sich um Aufträge zu An- und Verkäufen zu Tageskursen, limitiert oder unlimitiert. Darnach fehlt es für den Tatbestand des Differenzgeschäfts im Sinne des § 764 B.G.B. und des durch ihn formulierten früheren Rechts an Anhalt.

b) Die von dem Tage des Vertragsschlusses verschiedene Lieferzeit mit ihrem nicht voraussehbaren Preise ist der für jedes Spiel seiner Natur nach erforderliche Faktor, der über Gewinn oder Verlust entscheidet. An einem solchen Faktor fehlt es an sich bei dem Kassageschäft und Tageskauf.

c) Der Käufer spekuliert, wenn er zu niedrigen Kursen kauft, um bei steigenden Kursen teurer verkaufen zu können, oder wenn er bei hohen Kursen verkauft, um bei fallendem Kurse dasselbe Papier billiger kaufen zu können und in beiden Fällen zu gewinnen. Jede Spekulation kann fehlgehen und auch Verlust bringen. Aber spielen mit einem Anderen kann der Kassakäufer oder Kassaverkäufer nur, wenn er mit seinem Abnehmer oder Verkäufer darüber einig ist, dass nicht geliefert und ein Kaufpreis nicht geschuldet und nicht gezahlt werden, sondern irgend ein von vornherein bestimmter oder von einem der beiden Teile zu bestimmender Umstand, Tag oder Frist, darüber entscheiden soll, was und von wem zu zahlen ist.

2. In dem Urteil vom 8. März 1902 hat das Reichsgericht alle diese Sätze zum Teil wörtlich wiederholt und des weiteren folgendes aufgestellt:

a) Mit dem Differenzgeschäft hat die Spekulationsabsicht an sich nichts zu schaffen. Für das Differenzgeschäft ist wesentlich, dass gespielt werde. Die vom Tage des Vertragsschlusses verschiedene Lieferungszeit mit ihrem nicht voraussehbaren Börsen- oder Marktpreise ist für diese Spielnatur wesentliche Voraussetzung, wonach sich entscheidet, welcher Teil gewinnt und welcher verliert.

b) Ganz anders ist es bei dem Tages- und Kassageschäft. Wenn hier auf den Kauf später Verkauf folgt, so kann zwar zwischen Kauf- und Verkaufspreis zu Gunsten oder zum Nachteile der Spekulanten ein Unterschied bestehen, aber ein Spiel liegt den beiden nur wirtschaftlich verbundenen Spekulations- und Realisationsgeschäften nicht zu Grunde. Die Tages- und Kassageschäfte stehen daher der Regel nach im Gegensatz zum Differenzgeschäft.

c) Argumente, wie „das Missverhältnis zwischen dem Vermögen des Klägers und den Werten der Papiere, unzureichende Sicherheit, fehlendes Interesse des Klägers an dem Behalten der Papiere und Absicht, lediglich durch Kursdifferenz zu gewinnen, Eigenschaft der Papiere als bekannter Spielpapiere sind zwar bei Zeitgeschäften von der erheblichsten Bedeutung für die Beantwortung der Frage, ob die Absicht des Spielenden auf effektive Erfüllung oder nur auf den Unterschied zwischen dem Vertrags- und Lieferungspreise gegangen ist; ihre Schlusskraft versagt aber im wesentlichen, wenn es sich um Geschäfte handelt, die so, wie sie geschlossen sind, zwar für je zwei formell selbständige Geschäfte einen Unterschied zwischen zwei Vertragspreisen, dem Ankaufspreis und dem späteren Verkaufspreis, ergeben können, nicht aber für ein einheitliches Geschäft den Unterschied zwischen dem Vertragspreise und dem Lieferungspreise, da es keine Zeitgeschäfte sind, und die, eben weil dieser Unterschied ihrem Wesen fremd ist, an sich nur Effektivgeschäfte sein können."

3. Den gleichen Standpunkt nimmt das Reichsgericht in dem Urteil vom 4. Juni 1902 ein.

4. In dem Urteil vom 8. Oktober 1902 (Bd. 52 S. 250) hält das Reichsgericht überall an den mitgeteilten Sätzen fest, wobei es eine gleiche Behandlung von Kassa- und Zeitgeschäft mit Bezug auf den Differenzeinwand nur dann für zulässig hält, wenn gleichzeitig mit dem Kassageschäft eine Vereinbarung des Inhalts getroffen würde, „dass die gekaufte Ware unter Kreditierung des Kaufpreises an einem bestimmten Tage für Rechnung des Käufers wieder verkauft werden sollte.“ Ferner enthält dieses Urteil den bemerkenswerten Satz, „dass auch das ernstlich gemeinte Kassageschäft Gelegenheit zu leichtfertiger Spekulation und zu einem Differenzhandel im Sinne des § 240 No 1 der Konkursordnung bietet. Allein um desswillen kann es, auch wenn im konkreten Falle die Absicht des „Börsenspiels im weiteren Sinne“ obgewaltet hat, nicht als klagloses Differenzgeschäft oder als Spiel im Sinne der §§ 764, 762 B.G.B. behandelt werden.“

5. In einem anderen Urteil vom selben Tage (Bd. 52 S. 254) wird dagegen auch ein als Kassageschäft sich darstellendes Geschäft als Spiel bezeichnet.

Die Berufungsinstanz hatte in tatsächlicher Hinsicht erwogen, dass der Kläger, Redakteur und Verleger einer Eisenbahnzeitung, beruflich mit der Börse nichts zu tun habe, dass er nur über ein geringes Vermögen zu verfügen habe, welches mit dem eingegangenen Engagement in keinem Verhältnis stand, dass weder er, noch die Beklagte an eine reelle Abwickelung ihrer Geschäfte dachten, dass die angeblich für den Kläger gekauften Aktien ihm nie geliefert wurden, dass ihm, entgegen der Vorschrift des § 3 des Bankdepotgesetzes, niemals die Nummern der Stücke angegeben wurden, und dass auch die Beklagte selbst die Aktien niemals für den Kläger angeschafft, sondern lediglich einen Anspruch gegen die Bank des Berliner Kassenvereins auf Lieferung von Aktien gleicher Art gehabt habe.

Ein entscheidendes Gewicht wird sodann seitens des Reichsgerichts darauf gelegt, dass die Beklagte den Wert der Papiere am 30. Juni mit den Preisen in den Fakturen vom 5. und 9. Juni (den Tagen des Abschlusses) verglich und die Differenz dem Kläger belastete und dass sie sodann die Zinsen aus diesen Schuldposten im Voraus bis ultimo Juli mit $6\,^3/_4\,\%$ berechnete.

Hieraus zog das Reichsgericht den Schluss: „Nicht um den Umsatz von Wertpapieren gegen Geld oder Geldeswert handelte es sich für die Parteien; das Kaufgeschäft war nur die Form, hinter welcher sich das Spiel um die Differenz zwischen dem Preise am Tage der Fakturaausstellung und dem Ultimopreise verbarg.“

Befremdend an diesem Urteile ist, dass diejenigen Momente (die Lebensstellung und Vermögensverhältnisse des einen der Vertragsschliessenden usw.), welche nach dem oben unter 2 c Mitgeteilten bei Kassageschäften gänzlich bedeutungslos sein sollen, nach den Ausführungen des Berufungsgerichts für dieses von massgebender Bedeutung für die Feststellung des Geschäfts als eines „Spiels“ gewesen sind, ohne dass das Reichsgericht dies missbilligt hat, was doch wohl geschehen wäre, wenn es an der in dem Urteil vom 8. März 1902 niedergelegten Auffassung unbedingt hätte festhalten wollen.

Während also nach der vorstehend mitgeteilten Entscheidung das Kassageschäft, sofern es von den Parteien ernstlich gemeint ist, niemals als Differenzgeschäft im Sinne des § 764 anzusehen ist, hält dagegen das Reichsgericht, wie gerade der oben unter 2c aus der Entscheidung vom 8. März 1902 mitgeteilte Satz lehrt, hinsichtlich der Termingeschäfte an seiner früheren im Eingang mitgeteilten Auffassung fest, wonach bei einem Termingeschäft die Absicht, nicht effektiv erfüllen zu wollen, dann als vorhanden anzusehen ist, wenn die dort erwähnten Momente („Missverhältnis zwischen dem Vermögen des Klägers und der Höhe des Engagements, Beruf, unzureichende Sicherheit usw. vorliegen.“

Dies ergibt sich nicht nur aus jener mehr gelegentlichen Bemerkung in dem zitierten Urteil, sondern insbesondere auch aus einem Urteil vom 18. Juni 1902 (Juristische Wochenschrift 1902, S. 425 Nr. 33), in welchem die Kenntnis des Bankiers von der Absicht des Vertragsgegners, ein Differenzgeschäft abschliessen zu wollen, lediglich um deswillen verneint wird, weil der Vertragsgegner nicht im eigenen Namen, sondern für einen Dritten handelte, dessen Vermögen ein derartiges war, dass auf eine Effektiverfüllung gerechnet werden konnte.

Es konnte deshalb umsoweniger einem Zweifel unterliegen, dass das Reichsgericht auch nach Inkrafttreten des B.G.B. die Termingeschäfte unter denselben Voraussetzungen als „Differenzgeschäfte“ im Sinne des § 764 B.G.B. charakterisieren würde, unter denen dies vor dem 1. Januar 1900 von ihm geschehen ist, als unzweifelhaft der § 764 B.G.B. nichts anderes, als die Kodifizierung der bis dahin bereits bestehenden reichsgerichtlichen Praxis bedeutet, wie das Reichsgericht selbst mit Recht in dem Urteil vom 4. Januar 1902 (oben A. 1a) hervorgehoben hat.

Es ist nun aber gar nicht abzusehen, weshalb diejenigen Gründe, die, wie das Reichsgericht in der E. vom 8. März 1902 ausdrücklich hervorhebt, für die Beurteilung des Kassageschäfts als Differenzgeschäft gänzlich bedeutungslos sind (Vermögenslage, Beruf usw.), gerade das Termingeschäft zum Differenzgeschäft im Sinne des § 764 B.G.B. stempeln sollen. Worin dieser Unterschied begründet sein soll, das anzugeben hat das Reichsgericht bis jetzt wenigstens unterlassen.

In der Tat können aber auch jene Momente für die Beurteilung eines Termingeschäfts als „Differenzgeschäft“ nicht massgebend sein. Denn jene Momente können die „Absicht“ auch nur des einen Teils, nicht effektiv erfüllen zu wollen, mit Sicherheit nicht ergeben, und noch viel weniger lassen sie den Schluss zu, dass es sich um ein Spiel handelt, bei dem der eine Teil der gewinnende, der andere Teil der verlierende ist.

Wenn z. B. das R.G. in der E. vom 17. November 1894 (Holdheims Monatsschrift Jahrgang 4 S. 82) das dort erwähnte Geschäft als ein sich als Spiel charakterisierendes „Differenzgeschäft“ bezeichnet hat, bei dem also „Effektiverfüllung“ nicht beabsichtigt gewesen, so beweist der Abschluss des „Gegengeschäfts“ ohne weiteres das Gegenteil. Denn wenn eine Person ein Termingeschäft auf Lieferung von Waren oder Wertpapieren abschliesst, z. B. als Verkäufer, und sich vor dem Eintritt des Termins „deckt“, d. h. ein Gegengeschäft abschliesst, mittels dessen sie die zu liefernde Ware ankauft, so bekundet sie damit aufs Allerdeutlichste, dass sie gerade „Effektiverfüllung“ beabsichtigt. Ganz besonders deutlich tritt dies zutage, wenn sie das Gegengeschäft nicht mit dem ursprünglichen Käufer, sondern mit einem Dritten abschliesst, was ihr natürlich freisteht. Für die juristische Beurteilung ist es aber belanglos, ob das Gegengeschäft zwischen den ursprünglichen Vertragsparteien oder zwischen dem lieferungspflichtigen Verkäufer und einem Dritten zustande kommt. Es ist deshalb u. E. unzutreffend, den Abschluss des „Gegengeschäfts" als „eine verfrühte Differenzausgleichung" zu bezeichnen, wie dies seitens des Reichsgerichts in jener Entscheidung geschieht, während die das „Gegengeschäft" abschliessende Partei durch diesen Abschluss gerade bekundet, dass sie „effektiv erfüllen" will, indem sie sich zu diesem Zwecke „eindeckt". Ganz besonders deutlich tritt dies dann in die Erscheinung, wenn sie das „Gegengeschäft" vor Ablauf des Termins und zu einer Zeit vornimmt, in welcher es ihr möglich ist, die zu liefernde Ware billiger einzukaufen, als sie dieselbe (z. B. „per ultimo") verkauft hat, während möglicherweise der am Lieferungstage geltende Markt- oder Börsenpreis dem vereinbarten Kaufpreise gleichkommt.

Ebenso, wie also der Abschluss eines „Gegengeschäfts" mit Sicherheit darauf hinweist, dass es den Parteien um „Effektiverfüllung" zu tun ist, so gilt das Gleiche beim Vorliegen von „Prolongationen", während freilich das R.G. in der E. vom 6. März 1900 (Jur. Wochenschr. S. 297 Nr. 14) „zahlreiche Prolongationen" als eine „Anzeige" für das Vorliegen eines Differenzgeschäfts ansieht; jedoch zu Unrecht. Denn wäre es in solchen Fällen den Parteien nicht um „Effektiverfüllung" zu tun, so wären die Prolongationen überflüssig; mittels dieser Prolongationen will vielmehr die dieselben sich ausbedingende Partei den ihr geeignet erscheinenden Moment abwarten, um die zur Erfüllung erforderliche Ware zu einem ihr vorteilhaften Preise anzuschaffen.[1])

B. Börsentermingeschäfte.

I. Die Gesetzgebung.

Die Ungunst, mit welcher Gesetzgebung und Rechtsprechung das sog. „Differenzgeschäft" behandeln, bezieht sich, wie aus Vorstehendem erhellt, vor allem auf die Termin- oder Zeitgeschäfte, während die Kassageschäfte in der Regel und in den weitaus meisten Fällen von dem Differenzeinwand nicht getroffen werden.

Der Gesetzgeber scheint denn auch in der Tat nur die Zeitgeschäfte als Sitz oder Hauptsitz des von ihm verpönten „Börsen-

---

1) Auch Wiener (a. a. O. S. 34 ff.) betont mit Recht, dass alle „Anzeigen" für ein sog. „Differenzgeschäft", den zwingenden Schluss, dass „Effektiverfüllung" nicht beabsichtigt sei, keineswegs gestatten.

spiels“ zu betrachten. Um nun das Börsenspiel auszurotten, hat der Gesetzgeber zu einem ganz radikalen Mittel gegriffen: da sich nach seiner Meinung erfahrungsmässig das Börsenspiel in der Regel in der Gestalt des Börsentermingeschäfts vollzieht, so hat er Massnahmen getroffen, mittels deren in Wirklichkeit das gesamte Börsentermingeschäft, wenn nicht ausgerottet, so doch in seinen rechtlichen Grundlagen erschüttert wird, und zwar nicht etwa blos das Börsentermingeschäft, das sich als „Spiel“ charakterisiert oder charakterisieren lassen könnte, sondern auch das legitime, ja das wirtschaftlich notwendige Börsentermingeschäft, dessen wirtschaftliche Notwendigkeit die gesetzgebenden Faktoren bei der Beratung des Börsengesetzes selbst anerkannt haben.

Um nämlich die Personen, zu deren Beruf der An- und Verkauf von Waren oder Wertpapieren nicht gehört, von der Beteiligung am Börsentermingeschäft und damit vom „Börsenspiel“ auszuschliessen, schreibt § 66 des Börsengesetzes den sogenannten „Registerzwang“ vor, wonach aus einem Börsentermingeschäft in einem Geschäftszweige, für welchen nicht beide Parteien zur Zeit des Geschäftsabschlusses in einem Börsenregister eingetragen sind, ein Schuldverhältnis nicht begründet wird. Das Gleiche gilt von der Erteilung und Uebernahme von Aufträgen, sowie von der Vereinigung zum Abschlusse von Börsentermingeschäften.

Neben dieser subjektiven Beschränkung des Börsentermingeschäfts ist ferner durch die §§ 50, 51 des Börsengesetzes auch eine objektive Beschränkung desselben für gewisse Waren und Wertpapiere, (insbesondere für Getreide und Mühlenfabrikate, sowie für Anteile von Bergwerks- und Fabriksunternehmungen schlechthin und für Anteile von anderen Erwerbsgesellschaften, deren Kapital nicht mindestens 20 000 000 M. beträgt), eingeführt.

Der Gesetzgeber beabsichtigte durch diese Vorschrift, „klare und sichere Rechtsverhältnisse zu schaffen“; es heisst nämlich in der Begründung zum Entwurfe des Börsengesetzes (a. a. O. S. 26) ausdrücklich: „Während die neuere Rechtsprechung auch den berechtigten Terminhandel gefährdet und unzuverlässigen Schuldnern Auswege offen lässt, deren Benutzung der Gegenkontrahent nicht hat voraussehen können, stellt das leicht zu ermittelnde Merkmal der Eintragung die rechtliche Wirksamkeit des Geschäfts unter den registrierten Parteien von vornherein ausser Zweifel.“ —

Demgemäss ist durch § 69 des Börsengesetzes den „registrierten Personen“ gegenüber Ansprüchen aus einem Börsentermingeschäft der Differenzeinwand ausdrücklich versagt, (wobei die mit Recht aufgeworfene Streitfrage, ob die ihrem Wortlaut nach sich mit § 764 B.G.B. nicht deckende Vorschrift des § 69 des Börsengesetzes die Anwendbarkeit des § 764 B.G.B. beseitigt hat, hier dahingestellt bleiben mag).

Wie wenig aber der Gesetzgeber den von ihm beabsichtigten Zweck erreicht hat, „klare und sichere Rechtsverhältnisse zu schaffen“, das ergibt ein Blick auf die Rechtsprechung seit dem Inkrafttreten des Börsengesetzes. Die Streit- und Zweifelsfragen, welche sich an die Auslegung der §§ 48, 50, 51, 66, 69 des Börsengesetzes anknüpfen, beschäftigen fortwährend die Gerichte, und es ist dem Reichsgericht noch keineswegs gelungen, eine allseitig befriedigende Lösung aller Streit- und Zweifelsfragen herbeizuführen, da teils infolge der mangelhaften Fassung des Gesetzes, teils infolge der dem wirtschaftlichen Bedürfnisse geradezu zuwiderlaufenden Gesetzgebung immer neue Zweifelsfragen auftauchen.

Aber auch soweit die Streitfragen durch die Rechtsprechung des Reichsgerichts beseitigt worden sind, kann der dadurch geschaffene Rechtszustand keineswegs als ein befriedigender bezeichnet werden; im Gegenteil widerstreiten manche jener reichsgerichtlichen Urteile sowohl dem allgemeinen Rechtsbewusstsein, wie den Bedürfnissen des Verkehrs.

Ein kurzer systematischer Ueberblick über die durch die Gesetzgebung und Rechtsprechung geschaffene Rechtslage wird dieses Urteil in vollem Umfange bestätigen.

II. Die Rechtsprechung.

Der IV. mit „Börsenterminhandel“ überschriebene Abschnitt des Börsengesetzes beginnt mit einer „Begriffsbestimmung“ der Börsentermingeschäfte in Waren und Wertpapieren; dass der § 48 des Börsengesetzes eine solche „Begriffsbestimmung“ und nichts anderes enthält, darüber herrscht in Praxis und Theorie kein Zweifel. Dies wird auch von dem Reichsgericht in der Entscheidung vom 12. Oktober 1898 (Bd. 42 S. 43 insbesondere S. 46 und 47) ausdrücklich anerkannt, indem es dort heisst:

„In § 48 des Börsengesetzes ist nun ein B e g r i f f des

Börsentermingeschäftes aufgestellt, welcher infolge der ihm gegebenen Begrenzung tatsächlich nicht alle im Börsenverkehr sich vollziehenden Termingeschäfte über Waren und Effekten umfasst."

Auch der Wermuth-Brendel'sche Kommentar zum Börsengesetz der wegen der hervorragenden Beteiligung des Mitverfassers Wermuth als Regierungskommissars bei dem Zustandekommen des Börsengesetzes eine besondere Bedeutung hat, versieht den § 48 im Inhaltsverzeichnis mit der Ueberschrift: „Begriff der Börsentermingeschäfte in Waren und Wertpapieren."

Man sollte nun glauben, dass diese „gesetzliche" Begriffsbestimmung des Börsentermingeschäftes überall da massgebend sein müsste, wo das Gesetz den Ausdruck „Börsentermingeschäft" oder „Börsenterminhandel" gebraucht. Dies wird nun zwar auch von keiner Seite „theoretisch" bestritten; die Auslegung jedoch, welche das Reichsgericht dem § 48 in seiner Rechtsprechung gegeben, hat in Wirklichkeit die im § 48 aufgestellte Begriffsbestimmung dergestalt beseitigt, dass nach der Rechtsprechung des Reichsgerichts jedes „Termingeschäft" als „Börsentermingeschäft" im Sinne der §§ 48 ff. behandelt wird, falls überhaupt Wertpapiere oder Waren der betreffenden Art an einer Börse gehandelt werden.

Nach dem Wortlaut des § 48 gelten jedoch als Börsentermingeschäfte nur solche den Kauf oder die sonstige Anschaffung von Waren oder Wertpapieren betreffende Termingeschäfte, die

1. nach solchen Geschäftsbedingungen geschlossen werden, welche von dem Börsenvorstande für den Terminhandel festgesetzt sind; und für die überdies

2. eine amtliche Feststellung von Terminpreisen an der betreffenden Börse erfolgt.

Beide Erfordernisse, die nach dem Wortlaut des Gesetzes und bei dessen unbefangener Prüfung für den Begriff des „Börsentermingeschäftes" im Sinne der §§ 48 ff. des Börsengesetzes absolut wesentlich zu sein scheinen, hat die Rechtsprechung des Reichsgerichts beseitigt und die Vorschrift des § 66 damit auf jedes Termingeschäft ausgedehnt, das einen, wenn auch noch so entfernten Zusammenhang mit der Börse hat, indem das Reichsgericht sich hierbei von der Erwägung leiten liess, dass nur bei einer derartigen „ausdehnenden Auslegung" des Gesetzes dessen Zweck, das Börsenspiel nach Möglichkeit zu beseitigen, sich erreichen liesse.

Es soll nicht unerwähnt gelassen werden, dass diese „ausdehnende“ Auslegung des Reichsgerichts in der Rechtslehre nirgends Anklang gefunden hat; gleichwohl hat das Reichsgericht in so ständiger Rechtsprechung — die allerdings keine Praxis „des Reichsgerichts“, sondern nur die des in dieser Materie allein zuständigen I. Zivilsenats darstellt — an seiner Auffassung festgehalten, dass jetzt auch die meisten Instanzgerichte sich der reichsgerichtlichen Ansicht angeschlossen haben, sodass man sagen darf, die Rechtsprechung des Reichsgerichts stelle das gegenwärtig in tatsächlicher Geltung befindliche Recht dar.

Ferner hat das Reichsgericht in ständiger Rechtsprechung ein Börsentermingeschäft, das sich auf diejenigen Waren oder Wertpapiere bezieht, hinsichtlich deren gemäss § 50 des Börsengesetzes der Abschluss eines Börsentermingeschäftes untersagt ist, für nichtig erklärt, eine Ansicht, die keineswegs unbestritten ist, wie auch das Reichsgericht nicht verkennt (Vergl. Entscheidung des R.G. vom 1. Dezember 1900 [Bd. 47, S. 104] und vom 4. Dezember 1901 [Jur. Wochenschrift 1902, S. 139 No. 167]). In der Entscheidung vom 1. Dezember 1900 (insbesondere a. a. O. S. 107) bekämpft das R.G. die Ansicht, wonach das Verbot des § 50 des B.G. nur den Ausschluss der dort gedachten Waren und Effekten vom Börsenterminhandel, jedoch keineswegs die Nichtigkeit eines gleichwohl abgeschlossenen Termingeschäfts nach sich ziehe; es betont hierbei aber selbst, dass die von ihm bekämpfte Ansicht „nicht nur die in der Literatur vertretene ist, sondern anscheinend auch in einer Bemerkung, die der Kommissar des Bundesrats bei der dritten Beratung des Börsengesetzes im Reichstage gemacht hat (Sten. Verh. des R.T. 1895/96 S. 2449) eine wesentliche Stütze findet.“[1])

[1]) Kein Geringerer als der Reichsbank-Präsident Dr. Koch hat sich als Kommissar des Bundesrats in der Sitzung des Reichstages vom 6. Juni 1896 folgendermassen über diese Frage geäussert: „Der Entwurf bestimmt vielmehr die Wirkung der von ihm vorgesehenen objektiven Verbote im § 51 meiner Meinung nach erschöpfend. Die Wirkung besteht darin, dass, soweit ein solches Verbot erlassen ist, die trotzdem gemachten Geschäfte von der Benutzung von Börseneinrichtungen ausgeschlossen sind.“ — —

Im Einzelnen möge in Bezug auf diese Rechtsprechung folgendes hervorgehoben werden:

1. In den beiden bekannten Entscheidungen vom 12. Oktober 1898 (Bd. 42 S. 43) und vom 28. Oktober 1899 (Bd. 44 S. 103) hat das Reichsgericht Termingeschäfte, bei denen die vom Börsenvorstande für den Terminhandel festgesetzten Geschäftsbedingungen ausdrücklich vertragsmässig ausgeschlossen und durch andere Bedingungen ersetzt worden sind, gleichwohl als Börsentermingeschäfte bezeichnet, obwohl in dem erstgedachten Urteil (S. 46 und 47) ausdrücklich anerkannt ist, dass im § 48 des Gesetzes ein Begriff des Börsentermingeschäftes aufgestellt sei, der infolge der ihm gegebenen Begrenzung tatsächlich nicht alle im Börsenverkehr sich vollziehenden Termingeschäfte umfasst.

Die Begründung gipfelt in den beiden Urteilen — und zwar in dem zweiten noch schärfer, als in dem ersten — im wesentlichen darin, dass die nicht nach den vom Börsenvorstande festgesetzten Bedingungen abgeschlossenen Geschäfte nicht günstiger gestellt werden dürfen, als diejenigen, bei denen dies der Fall ist, und dass insbesondere der vertragsmässige Ausschluss der vom Börsenvorstande festgesetzten Bedingungen lediglich eine unzulässige Umgehung des Gesetzes bezwecke, die keinen Erfolg haben könne[1]).

2. In Konsequenz des unter 1 aufgestellten Grundsatzes sind dann ferner folgende Entscheidungen des Reichsgerichts ergangen, die dartun, wie weit sich das Gebiet derjenigen Börsentermingeschäfte erstrecken soll, auf welche die Vorschriften der §§ 50 und 66 des Gesetzes Platz greifen:

a) Entscheidung des Reichsgerichts vom 7. Februar 1899 (Bd. 43 S. 91) und vom 8. Juli 1899 (Bd. 44 S. 52). Danach kann der Registereinwand auch dann geltend gemacht werden, wenn es sich um im Auslande nach den Geschäftsbedingungen auswärtiger Börsen abgeschlossene Börsentermingeschäfte handelt (§ 68 des B.G.).

b) R.G.E. vom 1. Dezember 1900 (Bd. 47 S. 104) und vom 11. Dezember 1901, I 259/1901.

Hier wird ausgesprochen, dass für den Begriff des Börsentermingeschäftes im Sinne des Gesetzes nur wesentlich sei, dass

---

[1]) Man vergl. zu den beiden Urteilen die eingehenden Kritiken von Staub: „Der Begriff der Börsentermingeschäfte in § 66 des B.G.“ (Berlin 1899) und von Riesser: „Die handelsrechtlichen Lieferungsgeschäfte“ (Berlin 1900).

das Geschäft zu einem festen Termin, ohne Rücksicht auf besondere persönliche Bedürfnisse der Partei, also mit typischem Inhalt und zu einem Preise geschlossen wird, der sich an der Börse infolge des Zusammentreffens und Zusammenwirkens der Börsenbesucher bildet, wogegen es für unerheblich erklärt wird, wie dieser Preis festgestellt, und ob das Geschäft gerade an der Börse selbst geschlossen wird, ja selbst ob überhaupt ein Preis notiert ist, indem das Reichsgericht vielmehr davon ausgeht, dass ein Börsenpreis sich bilden kann, selbst wenn an keiner Börse eine Notierung eines Preises erfolgt.

Auch der Umstand, dass sich nur Kassapreise für ein bestimmtes Wertpapier nachweisen lassen, schliesst nach der Ansicht des Reichsgerichts das Vorhandensein eines Börsentermingeschäftes nicht aus.

Diese Sätze wurden aus Anlass der Klage auf Zahlung des Kaufpreises für Kuxe der Gewerkschaft „Neue Kirche" aufgestellt. Als sich dann aber bei der erneuten Verhandlung vor dem Berufungsgerichte herausstellte, dass Kuxe „Neue Kirche" überhaupt an keiner Börse gehandelt worden sind, wurde durch Urteil des Reichsgerichts vom 27. September 1902 (Bd. 52 S. 178) die Eigenschaft der Geschäfte als „Börsentermingeschäfte" verneint, indem hier (S. 181) ausgeführt wird: „Allerdings sind die Kuxe der Gewerkschaft „Neue Kirche" in Berlin um die Zeit, als die hier in Rede stehenden Geschäfte geschlossen wurden, gehandelt worden, und es hat damals, wie das Berufungsgericht auf Grund der vor ihm stattgehabten Beweisaufnahme feststellt für diese Kuxe in Berlin tatsächlich ein Marktpreis bestanden. Allein der Handel vollzog sich völlig ausserhalb der Börse, und ebenso erfolgte die auf Angebot und Nachfrage beruhende Preisbildung. Ein solcher Handel aber wird von dem Verbot in § 50 des Börsengesetzes nicht betroffen."[1])

[1]) Schon vorher hat das Reichsgericht in der Entscheidung vom 4. Dezember 1901 (Jur. Wochenschrift 1902, S. 141 Nr 68) sich in ähnlichem Sinne, wie in der im Text mitgeteilten Entscheidung vom 27. September 1902 dahin ausgesprochen: „Auch der § 48 des Gesetzes fordert nicht, dass das einzelne Geschäft an der Börse geschlossen wird, nur (?) dass dies nach den vom Börsenvorstande festgesetzten Geschäftsbedingungen geschlossen werde, und dass für an der Börse geschlossene Geschäfte solcher Art eine amtliche Feststellung von Terminpreisen

Grade dieser Fall zeigt ganz besonders deutlich, wie wenig es dem Gesetzgeber gelungen ist, dem sogenannten „Differenzspiel“, soweit ein solches überhaupt existiert, wirksam entgegenzutreten und wie gerade seine Bestimmungen darauf hinauskommen, die wirtschaftlich fragwürdigste Art des „Differenzspiels“, nämlich diejenige in Wertpapieren ohne Börsennotiz und ohne Börsenhandel zu fördern.

Am 31. Dezember 1898, für welchen Tag die Kuxe verkauft waren, betrug die Forderung der Verkäuferin für die 16 Kuxe „Neue Kirche“ im Ganzen 41550 M.; am 15. März 1899 ergab die Versteigerung der Kuxe nur einen Erlös von 22955,50 M., sodass also die ganz beträchtliche Differenz von 18594,50 M. nach Verlauf von nur 2 1/2 Monaten seit dem Lieferungstag entstanden und seitens des Käufers zu zahlen war.

Man kann mit Sicherheit behaupten, dass, wenn die Kuxe „Neue Kirche“ ein an der Börse gehandeltes Wertpapier gewesen wären, dessen Kurs der amtlichen Feststellung unterlag, die Kursdifferenz eine erheblich geringere gewesen sein würde, weil in den an der Börse gehandelten Papieren mit amtlicher Börsennotiz erfahrungs- und naturgemäss Angebot und Nachfrage durch den grossen Kreis der Interessenten und durch die amtliche Kontrolle bei der Preisfeststellung sich weit mehr ausgleichen, als bei den Papieren, in denen ein Börsenhandel und eine Börsennotiz nicht stattfindet.

---

stattfindet. Einen Zusammenhang dieser Art mit an der Börse geschlossenen Geschäften muss das ausserhalb der Börse geschlossene Geschäft stets haben, um als börsenmässiges Termingeschäft und in seiner Verbindung mit mehreren solcher Geschäfte als Geschäft eines börsenmässigen Terminhandels zu erscheinen. Möglich ist ein solcher Zusammenhang auch bei den verbotenen Termingeschäften des § 50 des Börsengesetzes, wenn die dort bezeichneten Wertpapiere und Waren an der Börse auch nur per Kassa gehandelt werden und einen Börsenkurs haben. Aber wenn Wertpapiere dieser Art an einer Börse überhaupt nicht gehandelt werden, das heisst also nicht Gegenstand eines Verkehrs mit Angebot und Nachfrage sind, durch den allein die Preisbestimmung in einer die ruhige und sichere Entwicklung gefährdenden Art beeinflusst werden kann, ist von einem börsenmässigen Termingeschäft und börsenmässigen Terminhandel nicht zu reden.“ Aehnlich auch R.G.E. vom 12. Juli 1902 (Jur. Wochenschrift S. 747 Nr. 18; Bankarchiv Bd. 2 S. 29 und 30).

Es ergibt sich also als Resultat unserer heutigen Gesetzgebung und Rechtsprechung, dass die viel gefährlicheren Termingeschäfte in Wertpapieren, die an einer Börse nicht gehandelt werden („Aktien ohne Börsennotiz“) erlaubt und klagbar sind, wogegen den reellen Börsentermingeschäften durch die Vorschrift des § 66 des Börsengesetzes und des § 764 B.G.B. in bedenklichster Weise die Rechtsgrundlage entzogen ist.

c) Auf dem geschilderten Wege weitergehend hat das Reichsgericht in der Entscheidung vom 18. Oktober 1902 (Jur. Wochenschrift S. 638 Nr. 22; Bankarchiv Bd. 2 S. 60) ausgesprochen, dass zu den Börsentermingeschäften gehören:

α) im Inlande oder Auslande nach den Bedingungen auswärtiger Börsen abgeschlossene Geschäfte;

β) Geschäfte, die weder im Börsengebäude, noch zur Börsenzeit abgeschlossen sind, und

γ) Termingeschäfte, die nach Börsenpreisen irgend welcher Art abgeschlossen sind, mögen dies nun Termin- oder Kassapreise sein.

d) Dem unter c, *α* aufgestellten Satze fügt dann die neueste Entscheidung des Reichsgerichts über diese Frage, nämlich das Urteil vom 24. Juni 1903 (Jur. Wochenschrift S. 318 Nr. 20; Bankarchiv Bd. 3 S. 10) noch die weitere Ausdehnung hinzu, dass als „Börsentermingeschäfte“ im Auslande nach den Bedingungen ausländischer Börsen abgeschlossene Geschäfte auch dann gelten, wenn sie im Auslande zu erfüllen sind, sofern nur der Auftraggeber ein Inländer ist.

3. Im Gegensatz zu der letztgedachten Entscheidung, welche sich nur auf subjektiv ungiltige Termingeschäfte erstreckt, hat dagegen das Urteil des Reichsgerichts vom 15. Juni 1903 (Jur. Wochenschrift S. 317 Nr. 19; Bankarchiv Bd. 3 S. 11) ausgesprochen, dass das in § 50 des Börsengesetzes enthaltene Verbot sich nur auf die im Inlande, nicht aber auf die im Auslande abgeschlossenen Börsentermingeschäfte bezieht, und dass deshalb das auf Grund der letztgedachten Termingeschäfte Gezahlte gemäss § 68 Abs. 4 des Börsengesetzes nicht zurückgefordert werden kann.

III. Ergebnisse.

Fassen wir das Ergebnis der Rechtsprechung hinsichtlich der Klagbarkeit der Differenz- und Börsentermingeschäfte zusammen, so gelangen wir zu folgenden Sätzen:

1. Kassageschäfte sind in der Regel keine Differenzgeschäfte: aus ihnen findet deshalb eine Klage statt, da ihnen gegenüber weder der Differenz- noch der Registereinwand geltend gemacht werden kann. Als Kassageschäfte sind diejenigen Geschäfte anzusehen, die nicht nur nach Kassapreisen abgeschlossen werden, sondern bei denen auch die Lieferung der Waren oder Wertpapiere sofort, d. h. am Tage des Vertragsabschlusses oder doch jedenfalls nicht auf Termin zu erfolgen hat. Gleichgiltig ist es und ändert die Natur des Kassageschäftes als solches nicht, ob der Kaufpreis sofort bar entrichtet oder gestundet wird. (Vgl. E. d. R.G. Bd. 52 S. 253.)

2. a) Termingeschäften gegenüber greift der Differenzeinwand schon dann Platz, wenn „aus den Umständen des Falles" die „Absicht" auch nur eines der Vertragschliessenden festgestellt werden kann, nicht effektiv erfüllen zu wollen, und wenn ferner erhellt, dass der andere Teil diese Absicht gekannt oder aus Fahrlässigkeit nicht gekannt hat.

b) Ueberdies begründen Termingeschäfte — abgesehen von den im § 50 des Börsengesetzes bezeichneten — zwischen „nichtregistrierten Personen" kein Schuldverhältnis, wenn diese Geschäfte in einem, sei es auch noch so entfernten, Zusammenhang mit der Börse stehen, und zwar gleichviel, ob sie im Inlande oder Auslande abgeschlossen oder zu erfüllen sind.

3. Termingeschäfte der unter 2a geschilderten Art, die sich auf die im § 50 des Börsengesetzes bezeichneten Waren oder Wertpapiere beziehen, sind nichtig; dies jedoch nur, wenn sie an inländischen, nicht aber, wenn sie an ausländischen Börsen abgeschlossen sind.

4. Der Zweck des Gesetzes, das „Börsenspiel" unter allen Umständen unmöglich zu machen, ist nicht erreicht; denn

a) einmal kann, wie das Reichsgericht (Bd. 52 S. 252) selbst nicht verkennt, auch das ernstlich gemeinte Kassageschäft Gelegenheit zu leichtfertiger Spekulation und zu einem Differenzhandel im Sinne des § 240 Nr. 1 der Konkursordnung bieten; [1]) und es kann schon jetzt festgestellt werden, dass in der Tat die

---

[1]) Ebenso Wiener (a. a. O S 56): „Man ist bisher gewöhnt, als den Herd des Börsenspiels immer nur das Termingeschäft anzusehen. Aber das Kassageschäft im Effektenhandel ist durchaus geeignet, bei einiger Zurichtung den gleichen Zweck zu erfüllen."

„Spekulation" sich in grossem Umfange des „Kassageschäfts" bemächtigt hat; und

b) sodann ist das Termingeschäft in Papieren, die nicht an der Börse gehandelt werden, den Vorschriften des Börsengesetzes gänzlich entzogen, wodurch gerade in diesen Papieren eine viel gefährlichere „Spekulation" ermöglicht ist, als sie in den an der Börse gehandelten jemals stattfinden kann.

5. Hinsichtlich der Börsentermingeschäfte, deren Abschluss gemäss § 50 des Börsengesetzes überhaupt verboten ist, ergibt sich das seltsame, wenig befriedigende Resultat, dass die im Inlande verbotswidrig abgeschlossenen Geschäfte nichtig sind, dass dies aber nicht für die im Ausland abgeschlossenen Geschäfte gilt.

Die in der Begründung zu § 65 des Entwurfs (§ 68 des Gesetzes) zum Ausdruck gebrachte Absicht, zu verhindern, dass der Inländer seine Börsentermingeschäfte nach dem Auslande verlegt, eine Erwägung, die gerade das Reichsgericht bestimmt hat, in der Entscheidung vom 24. Juni 1903 die an ausländischen Börsen abgeschlossenen Geschäfte den an deutschen Börsen geschlossenen Termingeschäften völlig gleichzustellen, wird also, soweit es sich um die im § 50 erwähnten Geschäfte handelt, gleichfalls nicht erreicht.

C. Gemeinsames in Bezug auf Differenz- und Börsentermingeschäfte.

Neben den oben geschilderten zahlreichen Streitfragen, die sich darauf beziehen, ob und in welchen Fällen der Differenz- oder Registereinwand Platz greift, und ob und wann ein Geschäft wegen Verstosses gegen § 50 des Börsengesetzes nichtig ist, geben noch besonders folgende Punkte zu grossen Zweifeln und Schwierigkeiten in der Rechtsprechung Anlass:

I. Die Wirkung und Bedeutung des Saldoanerkenntnisses und des Vergleichs bei s. g. Differenz- oder Börsentermingeschäften;

II. das Rückforderungsrecht; und

III. die Schiedsgerichtsklausel.

I. Wirkung und Bedeutung der Saldoanerkennung und des Vergleichs bei s. g. Differenz- oder Börsentermingeschäften.

1. Die Saldoanerkennung.

a) In der Entscheidung vom 11. April 1900 (Jur. Wochenschr. S. 444 Nr. 20) stellt das Reichsgericht den Satz auf, dass die Anerkennung des Saldos den Nachweis nicht ausschliesst, dass es sich um Forderungen aus klaglosen Differenzgeschäften handele, da die Anerkennung ungiltiger Geschäfte oder Verbindlichkeiten aus ungiltigen Geschäften keine klagbare Verbindlichkeit zu erzeugen vermöge.

b) Während das Reichsgericht in der Entscheidung vom 29 Januar 1902 (Jur. Wochenschr. S. 189 Nr. 32 und 33) der einseitigen Saldoziehung jegliche rechtliche Bedeutung versagt, misst es dagegen der Saldo-Anerkennung die Bedeutung einer vertragsmässigen Aufrechnung zu, die einer nach Abwicklung des Geschäftes geleisteten Zahlung im Sinne des § 66 Abs. 4 des Börsengesetzes gleichkommt und deshalb eine Rückforderung des Gezahlten bezw. eine Anfechtung des Anerkenntnisses ausschliesst, selbst wenn den Kreditposten des Anfechtenden Debetposten aus unklagbaren Differenz- oder Börsentermingeschäften gegenüberstehen.

c) Den gleichen Standpunkt vertritt das Reichsgericht in den Entscheidungen vom 11. Januar 1902 (Jur.Wochenschr. 1902 Beil. S. 199) und vom 15. Januar 1903 (Jur. Wochenschr. 1903 Beilage S. 35 Nr. 72 und Bankarchiv Bd. 2 S. 112), sowie in der Entscheidung vom 14. Januar 1903 (Bankarchiv Bd. 2 S. 112), in welch letzterer aber, wie folgt, unterschieden wird:

α) Diejenige Partei eines Kontokorrentverhältnisses, deren Debetposten aus unklagbaren Geschäften entstanden sind, kann die durch Anerkenntnis bewilligte Aufrechnung nicht anfechten und ihre durch diese Aufrechnung getilgten Forderungen gegen den Gegner nicht geltend machen.

β) Handelt es sich dagegen nur um die Geltendmachung des nach der Saldoziehung für die eine Partei sich ergebenden Ueberschusses, so kann einer auf Zahlung dieses Ueberschusses gerichteten Klage gegenüber mit Erfolg eingewendet werden, dieser Ueberschuss, dieses durch die Kreditposten des Schuldners nicht gedeckte Saldo rühre ausschliesslich aus unklagbaren Börsentermin- oder Differenzgeschäften her.

Den gleichen Standpunkt nimmt das Reichsgericht in dem Urteil vom 14. Mai 1902 (Jur. Wochenschr. S. 369 Nr. 34; Bankarchiv Bd. 2 S. 10) ein, wobei es noch den ferneren Satz aufstellt, dass, wenn der Saldoschuldner vom Saldogläubiger zur Tilgung der Saldoschuld ein Darlehen erhalten hat, er auch der Klage aus diesem Darlehen den Differenz- oder Registereinwand entgegensetzen kann.

d) Dagegen hat noch neuestens das Oberlandesgericht Breslau in einer Entscheidung vom 2. April 1903 (Bankarchiv Bd. 2 S. 157) den Satz aufgestellt, dass die Anerkennung des Saldos die Wirkung hat, dass auf die einzelnen der Saldoziehung zu Grunde liegenden Geschäfte in keiner Weise zurückgegriffen werden kann, so dass also der anerkannte Saldoüberschuss auch dann gezahlt werden muss, wenn er ausschliesslich aus unklagbaren Differenz- oder Börsentermingeschäften entstanden ist. In dieser Hinsicht heisst es wörtlich:

„Es kann daher nicht darauf ankommen, ob zur Zeit der Anerkennung des Saldos die Gegengeschäfte bereits erledigt waren, und es kann ferner aus dem Umstande, dass für das Bankhaus, bei oder mit dem die Spielgeschäfte gemacht worden sind, ein Guthabensaldo verblieben ist, dem Gegner kein Grund entstehen, sich der Zahlung dieses Saldos zu entziehen, weil in den Einzelposten des Kontokorrents unwirksame Geschäfte enthalten seien. Mit anderen Worten, der Vorgang des Anerkenntnisses der Saldoziehung eines Kontokorrents wirkt durch seine Eigenart anders und weiter als sonst eine Aufrechnung, denn er bewirkt eine völlige Abwicklung im Sinne des § 66 Abs. 4 des Börsengesetzes für alle im Kontokorrent enthaltenen Geschäfte."

Es lässt sich nicht verkennen, dass das Urteil des O.L.G. Breslau der Bedeutung eines Saldoanerkenntnisses und den Bedürfnissen des kaufmännischen Verkehrs besser gerecht wird, als die Rechtsprechung des Reichsgerichts; es ist aber mehr als fraglich, ob das Reichsgericht seinen oben mitgeteilten Standpunkt aufgeben wird.[1])

---

[1]) Die im Text aufgestellte Vermutung, dass das R.G. an seiner Ansicht gegenüber den Ausführungen des O.L.G. Breslau festhalten

e) Einen vollständig abweichenden Standpunkt in Bezug auf die Bedeutung des Saldoanerkenntnisses nimmt das Kammergericht in der Entscheidung vom 6. Juni 1903 (Bankarchiv Bd. 3 S. 47) ein, dem folgender Sachverhalt zu Grunde liegt:

Unter den einem anerkannten Saldo zu Grunde liegenden Kontokorrentposten figurieren auch die Differenzen aus einem Termingeschäft über 15000 M. Bochumer Gussstahl- und 15000 M. Laura-Hütten-Aktien.

Der ganze Saldo war dadurch beglichen, dass der Bankier die ihm verpfändeten Wertpapiere verkauft und aus dem Erlös sich befriedigt hatte.

Der Konkursverwalter des Differenzschuldners verlangte die Differenz zurückerstattet, indem er eine anderweite Kontokorrentaufstellung aufmachte, in welcher er die aus den beiden Differenzgeschäften sich ergebenden Schuldposten auf der Debetseite des Gemeinschuldners einfach strich.

Das Kammergericht hat dies in der vorgedachten Entscheidung für zulässig erklärt, indem es ausführte, dass die Saldoziehung und die demnächstige Saldoanerkennung nur die Bedeutung einer gegenseitigen Aufrechnung, nicht aber die eines Erlassvertrages habe. Demnach müssten zur Giltigkeit einer derartigen Aufrechnung beiderseits giltige Forderungen einander gegenüberstehen. Da aber die Differenzforderungen, um die es sich hier handle, gemäss § 50 des Börsengesetzes nichtig seien, so könne wegen Nichtbestehens dieser Forderungen eine rechtsgiltige Aufrechnung überhaupt nicht stattfinden. Die Fälle, in denen das R.G. (in den E. Bd. 38 S. 240 und vom 29. Januar 1902, oben 1 b) zu einem anderen Ergebnis gelangt sei, wichen insofern von dem vorliegenden Falle ab, als es sich dort um klaglose Differenz- oder Börsentermingeschäfte gehandelt habe, die aber „der Erfüllung zugänglich“ gewesen seien, wogegen es sich vorliegenden Falls um vollständig nichtige Geschäfte handle.

Der Bankier wurde demnach ohne weiteres zur Zurückzahlung der Differenzen verurteilt, obgleich die ihnen zu Grunde liegenden Geschäfte schon vor Jahren abgewickelt waren.

Sollte die in diesem Urteil niedergelegte Rechtsauffassung die

werde, hat durch das während der Drucklegung dieser Arbeit veröffentlichte Urteil des 1. Z.S. des R.G. vom 20. Oktober 1903 (Jur. Wochenschr. S. 434 Nr. 9) ihre Bestätigung gefunden.

Billigung des Reichsgerichts finden, so würde die ohnehin schon so grosse Rechtsunsicherheit auf dem Gebiete des Börsenrechts abermals erheblich vermehrt werden. Mit dieser Rechtsprechung wäre es nämlich möglich, alle Termingeschäfte, die in Waren oder Wertpapieren abgeschlossen sind, in denen nach § 50 des Börsengesetzes der Börsenterminhandel untersagt ist, noch nach Jahrzehnten seit ihrer völligen Abwicklung (bis zum Ablauf der 30jährigen Verjährungsfrist des § 195 B.G.B.) in Frage zu stellen. Mit Hilfe einer solchen Rechtsprechung könnten längst geleistete Zahlungen zurückgefordert, längst erledigte Kontokorrentausgleichungen angefochten werden; für den Fall, dass im Laufe der Jahre eine der Parteien mit Hinterlassung minderjähriger Erben stirbt oder in Konkurs geriete, würde der Vormund oder Konkursverwalter gezwungen sein, derartige Rechtsgeschäfte, auch wenn sie noch so lange zurückliegen, anzugreifen. Dies gilt aber natürlich nicht bloss, soweit es sich um Verluste handelt, sondern auch, soweit Gewinne auf Grund solcher Geschäfte ausgezahlt sind; denn da die zu Grunde liegenden Geschäfte nichtig waren, so ist auch die Auszahlung der Gewinne ohne Rechtsgrund erfolgt.

Man braucht sich diese Folgerungen nur zu vergegenwärtigen, um sofort zu erkennen, dass der Gesetzgeber eine derartige heillose Rechtsverwirrung nicht gewollt haben kann.

Wir meinen auch, dass das Kammergericht die Bedeutung der Saldoanerkennung als eines Schuldanerkenntnisses im Sinne der §§ 781, 782 und 812 Abs. 2 B.G.B. nicht hinlänglich gewürdigt und die eine Rückforderung des durch die Saldoanerkennung Getilgten ausschliessende Vorschrift des § 814 B.G.B. nicht beachtet hat.[1])

Wenn deshalb auch nicht zu befürchten sein mag, dass die

---

[1]) Auch das Reichsgericht weist in der E. vom 28. Oktober 1903 (Jur. Wochenschr. S. 434 Nr. 9) darauf hin, dass in der durch die Saldoanerkennung sich vollziehenden Aufrechnung gegenüber den nach § 50 Abs. 2 des Börsengesetzes „nichtigen“ Börsentermingeschäften zwar nicht der eine Rückforderung des Getilgten ausschliessende § 66 Abs. 4 des Börsengesetzes, wohl aber die §§ 812 ff. B.G.B. Platz greifen. In einer soeben bekannt gewordenen E. vom 14. Oktober 1903 (Jur. Wochenschrift 1904 S. 38, No. 5) hat das R.G. gleichfalls diesen Standpunkt vertreten, aber die Rückforderung auf Grund der nicht bedenkenfreien tatsächlichen Feststellung des Berufungsgerichts zugelassen.

Rechtsprechung des Kammergerichts die Billigung des Reichsgerichts oder Anklang bei anderen Gerichten findet, so ist es doch bezeichnend, zu welch bedenklichen Folgerungen und zu welch grosser Rechtsunsicherheit die Vorschriften des Börsengesetzes den Anlass geben.

Die unter 1a und 1c, β mitgeteilten seitens des Reichsgerichts aufgestellten Sätze geben schon vom juristischen Standpunkt zu begründeten Bedenken Anlass, wie folgende Erwägung zeigt:

Der Nachweis, dass der bei der Saldoziehung zu Gunsten des Bankiers sich ergebende Ueberschuss aus unklagbaren Differenzgeschäften oder Börsentermingeschäften herrührt, lässt sich nur dann mit Sicherheit erbringen, wenn sämtliche Posten des Kontokorrents aus solchen Geschäften bestehen. Wie aber, wenn die Einzelposten des Kontokorrents teils aus rechtsgiltigen Geschäften, teils aus unklagbaren Geschäften bestehen? Lässt sich alsdann sagen, dass mit den gegenüberstehenden Kreditposten des Kunden gerade die rechtsgiltigen Geschäfte getilgt worden sind? Dies wohl schwerlich, da eine Einzelverrechnung überhaupt nicht stattfindet; es lässt sich also in diesem Falle gar nicht feststellen, dass der „Ueberschuss“ auf unklagbaren Geschäften beruht. Dass aber bei einem derartigen Kontokorrentverhältnis auch vom Standpunkte des Reichsgerichts aus die unklagbaren Geschäfte nicht einfach auszuscheiden sind und das Konto nur insoweit als anerkannt zu gelten hat, als sich darin beiderseits giltige Geschäfte befinden, ergibt sich schon aus dem oben unter 1cα mitgeteilten Satze, wonach diejenige Partei, deren Debetposten aus unklagbaren Termingeschäften bestehen, die aber durch ihre Kreditposten vollständig zur Verrechnung gekommen sind, das Kontokorrent nicht anfechten kann. Wenn also die Partei (der Kunde) die Saldoanerkennung in diesem Falle gegen sich gelten lassen muss, so erfordert es die Rechtskonsequenz umsomehr, dass sie eine Saldoanerkennung nicht anfechten kann, bei der die Posten auf ihrer Debetseite zum Teil aus klagbaren, zum Teil aus unklagbaren Geschäften herrühren. Gibt man dies zu, so ist auch kein Grund ersichtlich, warum man der Saldoanerkennung nicht die Bedeutung beimessen will, dass dadurch jegliches Zurückgreifen aut die derselben zu Grunde liegenden einzelnen Rechnungsposten nach der Richtung hin, ob diese auf giltigen oder ungiltigen Rechtsgeschäften beruhen, für unzulässig und ausgeschlossen erachtet wird.[1])

Welche Ansicht man aber auch für richtig halten möge, — die mitgeteilte Rechtsprechung ergibt eine höchst bedenkliche Rechtsunsicherheit in Bezug auf die Bedeutung und Tragweite einer Saldoanerkennung, wenn sich unter den Einzelposten des Kontokorrents Börsentermingeschäfte befinden.

Der Vergleich.

In Bezug auf die Wirkung eines Vergleichs über Streitigkeiten aus Differenz- oder Börsentermingeschäften liegen folgende beiden oberstrichterlichen Entscheidungen vor, die nicht ganz konform zu sein scheinen:

a) Der Entscheidung des 7. Zivilsenats des R.G. vom 2. Juli 1901, (Bd. 49 S. 192) liegt folgender Fall zu Grunde:

Ueber die Frage, ob Kauf- oder Kommissionsgeschäfte oder aber klaglose Differenzgeschäfte vorlagen, war in einem Vorprozesse gestritten, der durch Vergleich beendet wurde.

---

[1]) Diese Erwägungen greifen auch gegenüber der o. (Anm. 1 S. 39) angezogenen R.G.E. vom 28. Oktober 1903 Platz. Wenn es in dieser E. heisst, dass die Wirkungen eines Kontokorrentvertrages und einer Saldofeststellung ihren Rechtsgrund in dem Parteiwillen haben, so beruht doch die von dem R.G. geforderte verhältnismässige Verteilung der den Debetposten aus Börsentermingeschäften gegenüberstehenden Kreditposten keineswegs auf den Parteiwillen, sondern auf einer reinen Fiktion. Die Besonderheit des Kontokorrentverkehrs beruht eben darauf, dass die Parteien eines Kontokorrentverkehrs niemals auf eine einzelne bestimmte Schuld, aber auch nicht verhältnismässig auf alle Passivposten des Kontokorrents eine Zahlung leisten, dass vielmehr von vornherein der Wille der Parteien dahin gerichtet ist, Aktiv- und Passivseite des Kontokorrents als einheitliche und untrennbare Rechnungsfaktoren zu behandeln. Indem das R.G. die Anerkennung eines Kontokorrentsaldos als ein gewöhnliches Anerkenntnis im Sinne des § 66 Abs. 3 des Börsengesetzes behandelt, wird es u. E. der besonderen in den §§ 355—357 H.G.B. anerkannten rechtlichen Natur und wirtschaftlichen Bedeutung des Kontokorrentverkehrs nicht gerecht. Mit Lehmann-Ring (Komm. zum H.G.B. Note 30 zu §§ 355 bis 357 Bd. II S. 53) ist deshalb anzunehmen, dass gegenüber der Saldoklage Einreden aus den der Saldoanerkennung zu Grunde liegenden einzelnen Schuldposten in der Regel nicht erhoben werden können, insbesondere also auch nicht der Differenz- oder Registereinwand.

Der Klage auf Erfüllung dieses Vergleichs setzte der Beklagte den Einwand entgegen, dass der Vergleich die Erledigung von Ansprüchen aus „reinen Differenzgeschäften" bezweckt habe und deshalb rechtsunwirksam sei. Diesen Einwand verwarf das Reichsgericht, indem es den Vergleich für rechtbeständig erklärte und ausführte, der einen solchen Streit erledigende Vergleich sei nicht zur Erfüllung einer Spielschuld, nicht über ein „Differenzgeschäft" geschlossen, weil er gerade die Frage betroffen habe, ob ein unklagbares Spielgeschäft oder ein giltiger Vertrag vorliege.

b) Dagegen hat der 1. Zivilsenat des Reichsgerichts in der Entscheidung vom 13. Juni 1902, (Sächsisches Archiv, Bd. 13, S. 347; Bankarchiv Bd. 2, S. 143) einem solchen Vergleich die Rechtswirksamkeit abgesprochen. Der Entscheidung liegt folgender Sachverhalt zu Grunde, der zugleich ergibt, zu welcher eklatanten Verletzung von Treu und Glauben im Verkehr die jetzt geltende Börsengesetzgebung führt:

„Der Rechtsvorgänger der beklagten Handelsgesellschaft, der Bankier Max M. in H., hatte in den Jahren 1891 und 1892 im Auftrage des jetzigen Klägers umfangreiche Ein- und Verkäufe von Wertpapieren ausgeführt und klagte Anfang des Jahres 1893 das ihm nach seiner Berechnung zukommende Guthaben von über 20000 M. gegen seinen Auftraggeber ein. Letzterer behauptete, es lägen reine Differenzgeschäfte vor und verweigerte deshalb nicht bloss die Zahlung der geforderten Summe, sondern erhob auch Widerklage, durch die er u. a. Herausgabe einer Lebensversicherungspolice, die er dem Max M. als Pfand gegeben hatte, forderte. Der Prozess wurde durch einen aussergerichtlich abgeschlossenen Vertrag erledigt; nach demselben sollte insbesondere die erwähnte Lebensversicherungspolice in den Händen von Max M. bleiben, die jährliche Prämie aber vom jetzigen Kläger bezahlt werden. Dieser Verpflichtung war er nicht nachgekommen.

Im Jahre 1901 erhob er Klage mit dem Antrage, die Beklagte zur Rückgabe der Lebensversicherungspolice und Rückgabe aller Rechte aus derselben zu verurteilen, wogegen er sich zur Zahlung aller von der Beklagten an die Lebensversicherungsgesellschaft gezahlten Prämien erbot. Die Klage war darauf gestützt, dass der Vergleich, da es sich um unklagbare Differenzgeschäfte gehandelt, nichtig sei.

Die Beklagte bestritt, dass es sich um Differenzgeschäfte

gehandelt habe, und wendete ein, die Rückforderung der Police sei ausgeschlossen, da sie zur Tilgung der Schuld des Klägers an Zahlungsstatt gegeben worden; aber auch der Vergleich sei, selbst wenn es sich um Differenzgeschäfte gehandelt habe, unanfechtbar, da er gerade über die streitige Frage, ob Differenzgeschäfte vorliegen, und zur Beseitigung des Streites darüber geschlossen sei."

Die Klage wurde in erster und zweiter Instanz abgewiesen. Das Reichsgericht hob das zweite Urteil auf.

In den Gründen spricht sich nun das Reichsgericht über die Wirksamkeit des zwischen den Parteien abgeschlossenen Vergleichs folgendermassen aus:

„Vergleiche erledigen das, worüber man sich vergleichen wollte, vorausgesetzt, dass man sich darüber vergleichen konnte. Ob M. und der Kläger die im Vorprozess zwischen ihnen streitige Frage des Differenzcharakters des Kontokorrentverkehrs, die überwiegend rechtlicher Natur, durch Vergleich erledigen konnten, wie dies in dem Urteil des Reichsgerichts vom 2. Juli 1901 (E. d. R.G. Bd. 49 S. 192), das übrigens nicht den hier in Rede stehenden Vertrag betraf, unterstellt ist, kann auf sich beruhen (vergl. E. d. R.G. Bd. 37 S. 418). Denn die Feststellung des Berufungsrichters, dass der Vertrag vom 27. September 1893 die Beseitigung dieses Streits zum Gegenstand habe, beruht auf einer Auslegung des Vertrages, die das Gesetz verletzt, weil sie in direktem Widerspruch mit dem Inhalte des Vertrages steht und durch diesen geradezu widerlegt wird. Der Vertrag, der sich selbst nicht einmal als Vergleich bezeichnet, sagt von der Erledigung eines solchen Streits überhaupt nichts. Er enthält das Anerkenntnis der Kontokorrentschuld, das, wie der Berufungsrichter in Uebereinstimmung mit der Rechtsprechung des Reichsgerichts zugibt, rechtlich bedeutungslos ist, wenn es sich um eine Schuld aus reinen Differenzgeschäften handelte. Daneben ergibt der Vertrag nur die Erklärung des Schuldners, dass er nicht zahlen könne, und Abmachungen, die Vergleichsnatur nur darin haben, dass sie dem Gläubiger für seine Forderung, deren Verwirklichung unsicher war, einen ihm wie dem Schuldner dienlichen Weg, sich aus der Versicherungssumme bezahlt zu machen, eröffneten. Durch einen Vergleich solchen Inhalts wird die Berufung des Schuldners auf die Unklagbarkeit der Schuld nicht beseitigt (R.G.E. Bd. 23 S. 138, Bd. 37 S. 416, Bd. 39 S. 163, Bd. 47 S. 48, 52)."

3. Ergebnisse.

Auf Grund der Rechtsprechung des Reichsgerichts ergibt sich folgende Rechtslage:

a) Schliesst bei der Saldoanerkennung das Konto beider Teile glatt ab, so können die in dem Kontokorrent aufgeführten Einzelposten (wegen Ungültigkeit der ihnen zu Grunde liegenden Rechtsgeschäfte) nicht mehr angefochten werden.

b) Ergibt sich ein Saldo zu Gunsten des Kunden, so kann dieser die auf seiner Debetseite des Kontokorrents enthaltenen Differenz- und Börsentermingeschäfte nicht mehr anfechten; andererseits wird er aber vom Bankier den ihm zukommenden Saldo ausgezahlt erhalten.

c) Schliesst dagegen das Konto des Kunden mit einem Debetsaldo, so kann er die den einzelnen Kontokorrentposten zu Grunde liegenden Börsentermingeschäfte mit dem Differenz- oder Registereinwand anfechten.[1] Daraus ergibt sich also das bei der Beratung des Börsengesetzes (s. o. S. 10) regierungseitig ausdrücklich verpönte Resultat, „dass der Kunde beim Glücken einer Spekulation die Gewinne einstreicht, beim Fehlschlagen derselben sich aber durch Erhebung des Differenz- oder Registereinwandes dem Verluste entziehen kann“.

d) Wird ein Rechtsstreit, der die Frage betrifft, ob giltige Kauf- oder ungiltige Differenz- oder Börsentermingeschäfte vorliegen, durch Vergleich erledigt, so ist ein solcher nach der Ansicht des 7. C.S. des R.G. rechtsbeständig, nach der des 1. C.S. dagegen ungiltig.

II. Das Rückforderungsrecht.

1. Sowohl das Differenzgeschäft, wie das Börsentermingeschäft zwischen nicht-registrierten Personen erzeugen sogen. klaglose Verbindlichkeiten (naturales obligationes), d. h. es wird zwar

---

[1]) Nach dem oben mitgeteilten Urteil des O.L.G. Breslau schliesst dagegen die Anerkennung des Saldos unter allen Umständen die Anfechtung der ihm zu Grunde liegenden Einzelposten aus, wogegen umgekehrt nach der Rechtsprechung des Kammergerichts die Saldoanerkennung stets dann anfechtbar ist, wenn einzelne Kontokorrentposten auf nichtigen Rechtsgeschäften beruhen.

durch beide Geschäfte eine klagbare Verbindlickeit nicht begründet, aber eine Rückforderung des Geleisteten ist beim Differenzgeschäft gemäss §§ 762, 764 B.G.B. ausgeschlossen, und ebenso kann nach § 68 Abs. 4 des Börsengesetzes dasjenige, was bei oder nach völliger Abwickelung des Geschäfts zu seiner Erfüllung geleistet worden ist, nicht zurückgefordert werden.

Ganz eigentümlich gestaltet sich nach der Praxis des Reichsgerichts in dieser Hinsicht die Rechtslage in Bezug auf Börsentermingeschäfte über die nach §§ 50, 51 des Börsengesetzes vom Börsenterminhandel objektiv ausgeschlossenen Waren und Wertpapiere; werden dergleichen Geschäfte im Inlande abgeschlossen, so sind sie gemäss § 134 B.G.B. nichtig, was zur Folge hat, dass auch das bei oder nach der Abwickelung des Geschäfts zu seiner Erfüllung Geleistete zurückgefordert werden kann (sofern nicht die Vorschrift des § 814 B.G.B. entgegensteht; s. o. S. 39); sind dagegen dergleichen Geschäfte, wenn auch von im Inlande wohnenden Personen, im Auslande abgeschlossen, so sind sie keineswegs nichtig, und es findet deshalb gemäss § 66 Abs. 4 des Börsengesetzes eine Rückforderung des zu ihrer Erfüllung Geleisteten nicht statt. (E. d. R.G. vom 15. Juni 1903; Jur. Wochenschrift S. 317 Nr. 19; Bankarchiv Bd. 3 S. 11.)

2. Die Praxis des Reichsgerichts, wie sie sich auf Grund der ihrem Wortlaut nach zwar nicht völlig übereinstimmenden § 762 Abs. 2 Satz 1 B.G.B. und § 66 Abs. 4 des Börsengesetzes im wesentlichen gleichmässig herausgebildet hat, lässt sich in folgende Sätze zusammenfassen:

a) Weder durch Schuldanerkenntnis, noch durch Vergleich, noch durch Hingabe von Wechseln kann die ungiltige Differenz- oder Börsenterminschuld giltig oder klagbar gemacht werden. Diese Rechtsanschauung führt aber weiter dahin, dass auch eine Vereinbarung, welche bezweckt, eine derartige Schuld durch Hingabe einer Sache an Zahlungsstatt zu tilgen, nicht rechtsbeständig ist, wenn sie neben und trotz der an Erfüllungsstatt erfolgten Hingabe eines Wertobjekts eine persönliche Verpflichtung des Schuldners bestehen lässt oder begründet. (R.G.E. 1. C.S. vom 25. April 1900; Jur. Wochenschr. S. 495 Nr. 7).

b) In der Entscheidung vom 13. Juni 1902 (Jur. Wochenschr. Beil. S. 254 Nr. 166; Sächs. Archiv Bd. 13 S. 347; Bankarchiv

Bd. 2 S. 143) hat das Reichsgericht in Bezug auf die Hingabe an Zahlungsstatt und ihre Wirkungen an obigen Sätzen festgehalten und dabei zugleich den positiven Satz ausgesprochen, dass eine das Rechtsverhältnis der Parteien endgiltig erledigende Hingabe an Zahlungsstatt auch dann nicht zurückgefordert werden kann, wenn sie zwecks Tilgung einer Schuld aus unklagbaren Differenz- oder Börsentermingeschäften erfolgt ist.

c) In der R.G.E. vom 13. Juli 1901 (Bd. 49 S. 59) ist der Satz aufgestellt, dass „Vorschüsse" oder „Einschüsse", die zwecks Verrechnung auf etwaige künftige Verluste aus Differenz- oder Börsentermingeschäften geleistet sind, jederzeit zurückgefordert werden können, da derartige Vorschuss- oder Einschusszahlungen keine Zahlung zwecks Tilgung einer bereits entstandenen Verbindlichkeit darstellen. An dieser Ansicht hat das Reichsgericht in ständiger Rechtsprechung festgehalten; (vergl. z. B. R.G.E. vom 8. Okt. 1902, Bd. 52 S. 254, durch welche der Bankier zur Rückgabe des „Depots" des Kunden verurteilt wurde, das ihm zur Sicherheit verpfändet war und dessen Erlös er auf eine sog. „Differenzschuld" des Kunden verrechnet hatte).

d) Bei „Prämiengeschäften" unterliegt die Vorauszahlung der „Prämie" oder auf die Prämie der Rückforderung, wenn es sich um verbotene oder ein Schuldverhältnis nicht begründende Börsentermingeschäfte (oder Differenzgeschäfte) handelt, da eine derartige „Vorauszahlung" insbesondere keine „Leistung" im Sinne des § 762 B.G.B. oder „Erfüllung" im Sinne des § 66 Abs. 4 des Börsengesetzes darstellt. R.G.E. 1. C.S. vom 7. Dezember 1901 (Bankarchiv Bd. 1 S. 103).

e) Dagegen steht eine „vertragsmässige Aufrechnung" der Erfüllung durch Barzahlung völlig gleich, weshalb eine durch Aufrechnung erfolgte Tilgung einer Differenzschuld oder einer solchen aus Börsentermingeschäften zwischen nicht-registrierten Personen nicht angefochten werden kann. (E. d. R.G. 1. C.S. vom 11. Januar 1902; Jur. Wochenschr. Beil. S. 199).

3. In der R.G.E. 1. C.S. vom 4. Febr. 1903 (Jur. Wochenschrift Beil. S. 46 Nr. 103; Holdheims Monatsschr. Bd. 12 S. 96; Bankarchiv Bd. 2 S. 129) sind die Schwierigkeiten erörtert, welche die Lösung der Frage verursachen, was unter „einer völligen Abwickelung" im Sinne des § 66 Abs. 4 des Börsengesetzes zu verstehen sei. Das Reichsgericht kommt zu dem Ergebnis, dass eine

völlige Abwicklung des Börsentermingeschäfts dann für vorliegend zu erachten ist, wenn eine Terminspekulation durch Abschluss eines Gegengeschäfts unter denselben Kontrahenten zum Abschluss gebracht oder wenn der Termin auch ohne Abschluss eines Gegengeschäfts und ohne blosse Vereinbarung einer Erstreckung des ersteren verlaufen ist, und somit feststeht, dass der Verkäufer nunmehr zu liefern, der Käufer zu empfangen und den Kaufpreis zu zahlen hat.

4. Besonderer Erörterung bedürfen noch zwei Fälle des Rückforderungsrechts, nämlich

a) das Rückforderungsrecht bei Hingabe von Wechseln, und

b) das Rückforderungsrecht gegenüber dem Kommissionär.

a) Dass die Hingabe von Wechseln zwecks Tilgung einer Schuld aus Differenz- oder unklagbaren Börsentermingeschäften keine „Leistung" oder „Erfüllung" im Sinne des § 762 B.G.B. oder des § 66 Abs. 4 des Börsengesetzes darstellt, sodass also einer Klage des Wechselnehmers aus dem Wechsel der „Differenzspieler" den Differenz- oder Registereinwand (bezw. die Nichtigkeit des Börsentermingeschäftes) entgegenstellen kann, hat das Reichsgericht in der oben unter II 2a mitgeteilten Entscheidung in durchaus zutreffender und einwandfreier Weise angenommen, weil Wechsel regelmässig nur zahlungs*halber* gegeben zu werden pflegen und auch dann, wenn sie „an Zahlungsstatt" gegeben sind, eine „Novation" der ursprünglichen Schuld nicht begründen. (Vergl. auch R.G.E. vom 18. Juni 1902 [Bd. 52 S. 39], wonach auch Wechsel, die zur Deckung einer Wettschuld ausgestellt worden, ungiltig sind).

Viel weiter aber geht die Entscheidung des Reichsgerichts vom 28. Mai 1902 (Bd. 51 S. 357; Jur. Wochenschr. Beilage S. 245 Nr. 137).

Dieser Entscheidung liegt folgender Sachverhalt zu Grunde: „Der Beklagte zog an eigne Ordre Wechsel auf den Kläger

1. über 3200,50 M., ausgestellt 21. Dezember 1899, fällig 31. Juli 1900,

2. über 2500 M., ausgestellt 30. April 1900, fällig 31. Oktober 1900, die vom Kl. akzeptiert wurden.

Der erstere dieser beiden Wechsel wurde am 2. Aug. 1900 auf Betrieb des jetzigen Bekl. mangels Zahlung protestiert und dann bei dem Landgericht I zu Berlin eingeklagt; der jetzige Kl. wandte damals jedoch ein, dass der Wechsel aus nichtigen

Börsentermin- und Differenzgeschäften herrühre. Darauf ward die Klage mit Schriftsatz vom 24. August 1900 zurückgezogen. Der andere Wechsel wurde alsdann von dem jetzigen Bekl. an die Firma H.H. Nachf. in H. indossiert, auf deren Betrieb am 31. Oktober 1900 mangels Zahlung protestiert und von ihr bei dem Landgericht I zu Berlin eingeklagt. Der jetzige Kl. erhob die nämlichen Einwendungen, wie gegen die Klage aus dem ersten Wechsel, und machte geltend, dass die Firma H. H. Nachfolger nur Inkassomandatar des Ausstellers sei. Letzteres wurde jedoch von dem Inhaber jener Firma eidlich abgeleugnet, und darauf ward der jetzige Kl. schuldig erkannt, die eingeklagte Wechselsumme von 2500 M. nebst Zinsen und Kosten an die Firma H. H. Nachf. zu zahlen. Dies geschah alsdann.

Darauf seinerseits klagend, wiederholte der Kl., dass die beiden vorerwähnten Wechsel wegen angeblicher Forderungen der Beklagten aus Börsentermingeschäften zahlungshalber gegeben worden seien, machte geltend, dass aus diesen Geschäften eine Forderung nicht habe entstehen können, da er, Kl., nicht in das Börsenregister eingetragen gewesen sei, und war der Ansicht, dass Bekl. den zweiten Wechsel nicht habe begeben dürfen, deshalb aber dem Kl. erstatten müsse, was dieser infolge seiner Verurteilung an Kapital, Zinsen und Kosten habe zahlen müssen. Kl. bezifferte diesen Betrag, indem er das Kapital, die Zinsen (bis 1. Januar 1901) und die Kosten zusammenrechnete, auf 2792,81 M. und beantragte den Bekl. zu verurteilen: 1. ihm 2792,81 M. nebst Zinsen nach 5 vom Hundert von 2500 M. seit dem 1. Januar 1901 und von dem Rest seit dem Klagetage zu zahlen; 2. den Wechsel über 3200,50 M. herauszugeben. In erster Instanz wurde der Klage stattgegeben, jedoch in Ansehung des ersteren Antrags mit der Abweichung, dass Bekl. nur schuldig erkannt ward, 2500 M. nebst Zinsen nach 5 vom Hundert seit dem 31. Oktober 1900 zu zahlen. Hiergegen legte Bekl. Berufung ein, der sich Kl. anschloss. Das Berufungsgericht erkannte durch Teilurteil zunächst nur über den ersten Klagantrag und zwar dahin, dass es die Anschlussberufung des Kl. zurückwies und auf die Berufung des Bekl. den Kl., in Abänderung des landgerichtlichen Urteils, mit seinem Anspruch auf Erstattung abwies."

Auf Revision des Kl. wurde dieses Urteil aufgehoben und die Sache an das Berufungsgericht zurückgewiesen.

Die massgebenden Gründe des Reichsgerichts sind wörtlich folgende:

„Der jetzt zu treffenden Entscheidung sind . . . nur die Behauptungen des Kl. zu Grunde zu legen, dass er den mehrerwähnten Wechsel wegen einer Forderung des Bekl. aus Börsentermingeschäften angenommen habe und dass er nicht in einem Börsenregister eingetragen gewesen sei; von welchen Behauptungen die letztere unbestritten geblieben, die erstere in erster Instanz ebenfalls unstreitig gewesen, in zweiter Instanz jedoch bestritten worden ist, während das Berufungsgericht eine Feststellung in dieser Beziehung noch nicht getroffen hat.

Sollten beide Behauptungen des Kl. der Wahrheit entsprechen, so würde dem Bekl. nach § 66 Abs. 1 des Börsengesetzes keine klagbare Forderung zugestanden haben. Ferner würde er durch Empfang des in Rede stehenden Wechsels keine Leistung im Sinne des Abs. 4 ebendaselbst erhalten haben, da der Wechsel, wie das Berufungsgericht einwandsfrei feststellt, zahlungshalber gegeben worden ist. Kl. wäre mithin nicht verpflichtet gewesen, den Wechsel an den Bekl. zu bezahlen, und hieraus folgt, dass er den Wechsel hätte zurückfordern, es folgt aber ferner, dass er die Begebung hätte verbieten können. Ein solches Verbot ist freilich nach dem vorliegenden Sachverhalt vor der Begebung des Wechsels an H. H. Nachf. nicht erfolgt; denn Kl. hat den Wechsel erst mit Schreiben vom 11. Oktober 1900 zurückverlangt, und bereits vorher, am 5. Oktober hatte Bekl. denselben, wie das Berufungsgericht feststellt, begeben. Mit Rücksicht hierauf hat das Berufungsgericht die Sache für erledigt erachtet, weil Bekl. zur Begebung des Wechsels befugt gewesen sei und hierdurch keinesfalls ein Unrecht begangen habe, und zwar auch dann nicht, wenn er Einreden des Kl. befürchtet und den Wechsel begeben hätte, um dem Kl. diese Einreden, nämlich den Differenzeinwand und die Berufung auf § 66 Abs. 1 des Börsengesetzes abzuschneiden.

Diese Erwägung ist in mehrfacher Hinsicht rechtsirrtümlich.

Wenn die Behauptungen des Kl. wahr sind, so hätte Bekl. zwar eine nach völliger Abwicklung des unwirksamen Geschäftes zu dessen Erfüllung ihm von dem Kl. gemachte Leistung behalten dürfen, aber nur eine freiwillige Leistung; irgend welchen Zwang hätte Bekl. jedoch nicht anwenden dürfen. Wenn nun Bekl. voraussah, dass Kl. nicht zahlen werde, und wenn er, um gleichwohl Zahlung zu erhalten, den Wechsel an einen Dritten begab, dem Kl. die ihm gegen den Bekl. zustehenden Einreden nicht entgegensetzen konnte, so ist hierin nicht die Ausübung eines Rechtes zu finden, auf die § 226 B.G.B. Anwendung finden könnte, sondern eine Handlung, die gegen § 826 B.G.B. verstösst, da das Abschneiden von Einreden zu dem Zweck, um einen vom Gesetz missbilligten Vermögensvorteil zu erlangen, als eine gegen die guten Sitten verstossende Zufügung eines Schadens angesehen werden muss."

Man vergegenwärtige sich gegenüber dieser Ausführung den Sachverhalt. Der Kl. schuldet aus einem „Differenzgeschäft" dem Bekl. einen namhaften Betrag, den er nicht in bar zahlen kann; er erlangt und verschafft sich eine Zahlungsfrist dadurch, dass er dem Bekl. Akzepte gibt, die der letztere, da sie nicht etwa sog. „Depotwechsel" sind, weiterbegibt und weiterbegeben durfte. Und darin soll ein Verstoss gegen § 826 B.G.B. liegen, d. h. der Wechselnehmer soll dadurch, dass er die ihm vom Differenzschuldner ohne jeden Vorbehalt übergebenen Wechsel weiter begeben hat, „in einer gegen die guten Sitten verstossenden Weise dem Differenzschuldner vorsätzlich Schaden zugefügt haben!"

Ist denn nicht ein jeder ohne Vorbehalt ausgestellte und hingegebene Wechsel seiner Natur nach zur Weiterbegebung bestimmt? Und trotzdem soll der Wechselnehmer dadurch, dass er von dem ihm gesetzlich zustehenden Rechte der Weiterbegebung Gebrauch gemacht hat, „gegen die guten Sitten" verstossen haben!

Und weiter: erzeugt nicht die Spielschuld, wie wir bereits oben sahen, eine natürliche Verbindlichkeit? Entspricht es nicht den Anschauungen der Moral, auch „natürliche Verbindlichkeiten" zu erfüllen? und nun soll es unmoralisch sein, dass der Schuldner auf einem durchaus gesetzmässigen und noch dazu auf einem Wege, zu dem er selbst (durch Hingabe des Wechsels) die Hand geboten, gezwungen wird, eine solche Verbindlichkeit zu erfüllen?!

Dass der Gesetzgeber einen anderen Standpunkt einnimmt, lehrt die Vorschrift des § 222 B.G.B. über die Verjährung. Obgleich durch die Verjährung der Verlust des Anspruchs eintritt, so erkennt doch Abs. 2 des § 222 B.G.B. die Giltigkeit einer Sicherheitsbestellung für eine verjährte Forderung an; wird also behufs Deckung einer verjährten Forderung ein Wechsel hingegeben und weiterbegeben, so wird in solchem Falle das dadurch bewirkte „Abschneiden der Verjährungseinrede" unmöglich als ein Verstoss gegen § 826 B.G.B. aufzufassen sein.

Die Rechtsprechung (vgl. Urteil des O.L.G. Colmar vom 28. April 1903; Bankarchiv Bd. 2 S. 192) geht mit Recht soweit, die Rückforderung einer vom Konkursverwalter nach abgeschlossenem Zwangsvergleich geleisteten Auszahlung einer festgestellten Konkursforderung auch hinsichtlich desjenigen irrtümlich gezahlten Betrages nicht zuzulassen, der die auf die Forderung in Folge des Zwangsvergleichs entfallende Dividende übersteigt, obwohl durch den Zwangsvergleich die Forderung des Gläubigers in Höhe des die Akkordrate übersteigenden Betrages vollständig untergeht und nicht einmal eine „natürliche" Verbindlichkeit zurückbleibt, weil man mit Recht annimmt, das es eine „Anstandspflicht" des Gemeinschuldners ist, auch nach abgeschlossenem Zwangsvergleich seine Gläubiger vollständig zu befriedigen; und hier, wo eine „natürliche" Verbindlichkeit vorliegt, soll die durch Weiterbegebung des Wechsels erzwungene Zahlung der „Differenzschuld" gegen die guten Sitten verstossen!

Ganz unklar bleibt es, wie diese Entscheidung vom 28. Mai 1902 mit dem Urteil desselben 1. C.S. vom 10. Januar 1903 (Bd. 53 S. 266) in Einklang zu bringen ist. In dem dieser Entscheidung zu Grunde liegenden Falle war der Geschäftsführer einer Gesellschaft mit beschränkter Haftung ohne Kündigung aus seiner Stellung entlassen, weil die Gesellschaft einen „wichtigen" Grund zur sofortigen Aufhebung des Dienstverhältnisses darin erblickte, dass der Geschäftsführer gegen eine gegen ihn geltend gemachte Forderung einer Bank aus Börsengeschäften den „Differenzeinwand" erhoben hatte. Diese Auffassung fand die Billigung des Berufungsgerichts und des Reichsgerichts und letzteres hob in den Gründen ausdrücklich hervor: „Der Vorderrichter hätte auch noch darauf hinweisen können, dass der Kl. durch den bewiesenen Mangel an Selbstbeherrschung in Verwaltung seiner eigenen Angelegenheiten und die Lossagung von dem gegebenen Versprechen (nämlich der Zahlung des Differenzbetrages), mochte ihm dabei der Schutz des Gesetzes auch soweit zur Seite stehen, als dasselbe die Erzwingbarkeit der eingegangenen Verbindlichkeit versagt, seine kaufmännische Ehre geschädigt hatte —."

Während also auf der einen Seite derjenige, der einen aus Differenzgeschäften hervorgegangenen Verlust nicht bezahlt, seine „kaufmännische Ehre" schädigt, soll es auf der anderen Seite „gegen die guten Sitten" verstossen, wenn Jemand auf ganz gesetzmässige Weise dadurch, dass ein von ihm über eine Differenzschuld ausgestellter Wechsel weiterbegeben wird, zur Zahlung dieser Schuld gezwungen, also vor einer „Schädigung seiner kaufmännischen Ehre" bewahrt wird!

Kann eine Gesetzgebung, die zu solch krassen, widerspruchsvollen Ergebnissen in der Rechtsprechung führt, als eine „gute" bezeichnet werden oder ist nicht vielmehr deren Abänderung aufs Schleunigste in die Wege zu leiten, um die durch sie aufs Aeusserste gefährdete Rechtssicherheit im Verkehr wieder herbeizuführen? Wir glauben, dass man angesichts jener beiden Entscheidungen die Frage nur aufzuwerfen braucht, um über deren Beantwortung nicht im Zweifel zu sein.[1])

b) Das Rückforderungsrecht gegenüber dem Kommissionär.

Führt der Kommissionär den Auftrag auf Abschluss eines Börsentermingeschäfts in der Weise aus, dass er den Auftrag an den (Berliner) Zentralbankier weitergibt und die in Auftrag gegebenen Wertpapiere für den Kommittenten effektiv kauft, so wird seiner Klage auf Zahlung des Kaufpreises entgegengehalten, er habe garnicht den Auftrag zum Abschlusse effektiver Geschäfte, sondern nur einen solchen auf Abschluss von „Differenz"- d. i. Spielgeschäften gehabt (R.G.E. 1 C.S. vom 20. Oktober 1894, Bd. 34, S. 264, insbes. S. 265).

---

[1]) Das Reichsgericht scheint übrigens seine in dem Urteil vom 28. Mai 1902 (Bd. 51 S. 357) niedergelegte Rechtsansicht vor ganz kurzer Zeit wieder aufgegeben zu haben, was im Interesse der Rechtssicherheit nur freudig begrüsst werden könnte. Denn in einem dem im Text mitgeteilten anscheinend ganz gleichliegenden Falle hat es die Rückforderungsklage des „Differenzschuldners" gegen den Differenzgläubiger, der den ihm über die „Differenzschuld" gegebenen Wechsel weiter begeben hatte, mit folgender Begründung zurückgewiesen: „Der Kläger ist dem Bekl. gegenüber mit dem Verlangen der Rückgabe der Akzepte erst hervorgetreten, nachdem er an den Indossatar — wenn auch nicht ohne Prozess und somit diesem gegenüber gezwungen — gezahlt hatte Das ist verspätet, da dem Beklagten gegenüber die Zahlung nunmehr „als freiwillig erfolgt" zu betrachten ist." (Urteil des 1. Z.S. des R.G. vom 3. Oktober 1903, Deutsche Juristen-Ztg. Bd. 8 S. 526 Nr. 109.)

Macht dagegen in solchem Falle der Kommissionär von dem ihm gesetzlich zustehenden Selbsteintrittsrecht Gebrauch, so wird seinem Anspruch entgegengehalten, vermöge des Selbsteintrittsrechts sei er der „Gegenspieler" des Kommittenten und müsse sich deshalb den Differenzeinwand gefallen lassen (R.G.E. 1. C.S. vom 29. Dezember 1894, Bd. 34, S. 82, insbes. S. 91).

Dass der Kommissionär aus einem Auftrag zum Abschluss eines „Differenz"- oder unklagbaren Börsentermingeschäfts keinen Anspruch auf Provision oder Ersatz von Auslagen gegen den Kommittenten erlangt, ergibt sich aus § 762 B.G. und § 66, Abs. 2, des Börsengesetzes und ist von dem Reichsgericht als ein Satz indubitati juris (in den E. vom 5. April 1902, Bd. 51, S. 156 und vom 13. Juli 1901, Bd. 49, S. 59, insbes. S. 61 a. E.) hingestellt.

In dieser letztgedachten Entscheidung geht aber das Reichsgericht insofern noch erheblich weiter, als darnach (und nach der in derselben Sache ergangenen R.G.E. vom 17. September 1902, Jur. Wochenschr. S. 547, Nr. 18) der Kommissionär *sogar die ihm von seinem Kommittenten zwecks Abführung an den Gegenkontrahenten gegebenen und diesem auch auftragsgemäss ausgehändigten Vorschüsse dem Kommittenten zurückzuerstatten hat*, weil die Beträge, die vorschussweise gezahlt waren, mit Bezug auf Ansprüche aus „unklagbaren Börsentermingeschäften" hingegeben waren.

Das Reichsgericht gelangt zu dieser befremdenden Entscheidung, die auch dem Rechtsgefühl insofern lebhaft widerspricht, als auf diese Weise ein gewerbsmässiger Spekulant nicht nur seine Verluste *nicht* bezahlt, sondern sogar die gezahlten Einschüsse *auf Kosten des Kommissionärs* und *von diesem* zurückgezahlt erhalten hat, durch Aufstellung des im übrigen dem Rechtsverkehr unbekannten Satzes, dass die in diesem Falle vom Kommissionär abgeschlossenen Geschäfte nicht nur in seinem Namen geschlossen werden, sondern auch rechtlich als *für seine Rechnung geschlossen* zu gelten haben.

Dieser Satz steht mit der klaren Vorschrift des § 383 H.G.B. in Widerspruch, wonach als Kommissionär nur diejenige Person bezeichnet wird, die es gewerbsmässig übernimmt, Waren oder Wertpapiere *für Rechnung eines Anderen* (des Kommittenten) im eigenen Namen zu kaufen oder zu verkaufen. Die gegenteilige Ansicht des Reichsgerichts kann auch nicht dadurch gestützt werden, dass nach § 66 Abs. 2 des B.G. Aufträge zum Abschlusse von Börsentermingeschäften seitens nicht-registrierter Personen ohne rechtliche Wirkung sind. Denn daraus folgt noch keineswegs, dass der Kommissionär dasjenige, was er in Ausführung eines rechtlich nicht verpflichtenden Auftrags von dem Kommittenten erhalten und dem ihm erteilten Auftrage gemäss an einen Dritten abgeführt hat, seinerseits dem Kommittenten zurückzahlen muss. Es ist nicht richtig, dass ein an sich ungiltiger Auftrag zum Abschlusse eines Differenz- oder Börsentermingeschäftes zur Folge haben soll, dass das auftraggemäss abgeschlossene Börsentermingeschäft als für Rechnung des Kommissionärs auch im Verhältnisse zwischen Kommissionär und Kommittenten zu gelten hat.

Dieser Satz ist ebenso wenig begründet, wie der fernere, dass, wenn das Geschäft mit Gewinn abgeschlossen hätte, der Kläger als Kommittent keinerlei Anspruch gegen den Beklagten auf Auszahlung des Gewinns gehabt haben würde; ein solcher Rechtssatz steht nicht bloss mit der Vorschrift des § 667 B.G.B., sondern auch mit der eigenen Entscheidung des 1. C.S. des Reichsgerichts vom 6. November 1897 (Bd. 40 S. 256) in Widerspruch, wonach aus einem erteilten und angenommenen Auftrage zum Wetten am Totalisator zwar kein klagbarer Anspruch auf Ausführung des Auftrags oder auf das Erfüllungsinteresse wegen Nichtausführung des Auftrags entsteht, wohl aber ein „Klaganspruch auf Herausgabe des vom Beauftragten gemachten und eingezogenen Gewinnes“ (Vgl. E. d. R.G. vom 5. April 1902, Bd. 51 S. 156, insbesondere S. 159). Da nun das Differenzgeschäft des § 764 B.G.B. dem als „Spiel“ zu betrachtenden Wetten am Totalisator rechtlich völlig gleichsteht, so müssen für beide Rechtsgeschäfte auch die gleichen Rechtssätze in Bezug auf die Auszahlung des Gewinnes gelten.

Aber selbst wenn man dies nicht annehmen wollte, so fehlt es doch an jedem Rechtsgrunde dafür, weshalb der Kommissionär verpflichtet sein soll, dasjenige, was er dem ihm erteilten Auftrage gemäss an einen Dritten gezahlt hat, dem Komittenten zurückzuzahlen, und auch das Reichsgericht hat es in dieser Hinsicht an jeder überzeugenden Begründung seiner Ansicht fehlen lassen.

Dass der Kommittent das von ihm vorschussweise Geleistete von dem Kommissionär nicht mit der „actio mandati" zurückfordern kann, ergibt sich, selbst wenn man die Giltigkeit des Auftrages unterstellt, schon aus der Erwägung, dass der Kommissionär das Geld auftraggemäss an den Dritten abgeführt hat. Aber auch von einer ungerechtfertigten Bereicherung des Kommissionärs kann im vorliegenden Falle nicht die Rede sein, da dieser den ihm übergebenen Vorschuss gar nicht erlangt, sondern direkt auftraggemäss an den Dritten abgeführt hat; auf alle Fälle aber würde die Vorschrift des § 818 Abs. 3 B.G.B. Platz greifen, da der Kommissionär dann, wenn er den Vorschuss auftraggemäss abgeliefert hat, keinesfalls mehr „bereichert" ist. Man kann auch nicht sagen, dass der Kommissionär etwa insofern durch die Zahlung des Vorschusses bereichert worden sei, als er sich dadurch von einer ihm gegenüber dem Dritten obliegenden Verbindlichkeit befreit hat; dies trifft jedenfalls in all den Fällen nicht zu, in denen auch der Kommissionär zu den nicht-registrierten Personen gehörte, sodass auch ihm gegenüber das mit dem Dritten abgeschlossene Börsentermingeschäft unklagbar war. Das Reichsgericht hat nun aber trotz zweimaliger gegenteiliger Entscheidung des Berufungsgerichts und trotz dessen Feststellung, dass der Kl. ein Börsenspekulant, der die Geschäfte durch den Bekl. nur um deswillen gemacht habe, weil sich mit ihm selbst wegen seines Verhaltens bei früheren ähnlichen Geschäften Niemand eingelassen haben würde, den beklagten Kommissionär durch das gedachte Urteil vom 17. Semptember 1902 zur Zahlung des vom Kommittenten vorschussweise hingegebenen Betrages verurteilt und damit einen Rechtszustand verwirklicht, der mit dem normalen Rechtsgefühl nicht in Einklang zu bringen ist, wenn man sich den nackten Tatbestand vergegenwärtigt: Ein Börsenspekulant beauftragt unter Zahlung eines Vorschusses einen Kommissionär mit dem Abschluss eines Börsentermingeschäftes; dieser schliesst das Börsengeschäft mit einem Dritten ab und zahlt diesem in Ausführung des Auftrages den Vorschuss. Wird aus dem Geschäftsabschluss Gewinn erzielt, so streicht der Spekulant diesen ein; schliesst dagegen das Geschäft mit einem Verluste ab, so hat der Kommissionär nicht nur diesen zu zahlen, sondern er hat auch nach der Rechtsprechung des Reichsgerichts den vom Komittenten gezahlten Vorschuss diesem zurückzuerstatten, ein Rechtszustand, der bei der Beratung des Börsengesetzes seitens eines Regierungsvertreters mit Recht als „unhaltbar“ bezeichnet wurde. (Komm. Ber. Drucks. Nr. 246 1. Anl. Bd. 2 S. 1489.)

III. Die Schiedsgerichtsklausel.

1. Nach der R.G.E. des 1. C.S. vom 25. März 1893 (Bd. 31 S. 397) ist die Klausel eines Schlussscheins, vermöge deren sich die Parteien der Entscheidung eines Schiedsgerichts unterwerfen, dann ungiltig, wenn der Schlussschein sich auf unklagbare „Differenz“- oder Börsentermingeschäfte bezieht.

In dem der Entscheidung zu Grunde liegenden Falle wurde der Bekl. auf Zahlung einer „Differenz“ bei dem in dem Schlussschein bezeichneten Schiedsgericht belangt; er erschien jedoch vor dem Schiedsgericht nicht und wurde durch dieses klagegemäss zur Zahlung der „Differenz“ verurteilt.

Gegen die Klage auf Erlass des Vollstreckungsurteils aus dem Schiedsspruch machte nun der Bekl. bei den ordentlichen Gerichten den Differenzeinwand geltend und drang damit in allen drei Instanzen durch, wobei das Reichsgericht annahm, dass die Schiedsabrede keine selbständige von der Rechtsbeständigkeit des Hauptgeschäfts unabhängige Bedeutung habe und deshalb mit dem Hauptgeschäft selbst rechtsunwirksam sei.

2. In der Entscheidung desselben Senats vom 8. Febr. 1899 (Bd. 43 S. 407), in der es sich um die gleiche Frage handelte, lag der Fall nur insofern anders, als der Bekl. sich auf das Schiedsgerichtsverfahren eingelassen und bereits in diesem den Differenzeinwand erhoben, auf Grund desselben Abweisung der Klage begehrt und eine Widerklage auf Zahlung eines Einschusses von 700 M. geltend gemacht hatte.

Nachdem der Kl. vor dem Schiedsgericht ein obsiegliches Urteil erstritten, begehrte er vom ordentlichen Gericht ein Vollstreckungsurteil aus dem Schiedsspruche.

Dieses wurde ihm auch von der ersten Instanz erteilt, von der zweiten jedoch versagt. Es fand indessen die erstinstanzliche Entscheidung die Billigung des Reichsgerichts, indem dieses den seitens des Bekl. vor den ordentlichen Gerichten erneut erhobenen Differenzeinwand nicht zuliess, vielmehr ausführte, dass der Bekl. insbesondere durch Erhebung seiner Widerklage vor dem Schiedsgericht in unzweideutiger Weise das Verlangen einer sachlichen Entscheidung durch dieses Gericht zu erkennen gegeben und sich damit dem schiedsgerichtlichen Verfahren unterworfen habe, weshalb er dessen Zulässigkeit in dem Verfahren auf Erteilung des Vollstreckungsurteils nicht mehr in Frage stellen könne.

Aus diesen Entscheidungen ergibt sich wiederum das befremdliche Resultat, dass diejenige Partei, die am wenigsten vertragstreu ist, vom Gericht am meisten geschützt wird: derjenige der sich dem vereinbarten Schiedsgerichtsverfahren unterwirft, kann in dem ordentlichen Verfahren den Differenz- oder Registereinwand nicht mehr geltend machen; dagegen hat derjenige, der sich an den geschlossenen Vertrag auch hinsichtlich der Unterwerfung unter eine schiedsgerichtliche Entscheidung garnicht gebunden erachtet, die Möglichkeit, noch in dem Verfahren vor den ordentlichen Gerichten mit Hilfe des Differenz- oder Registereinwandes von seinen vertraglich eingegangenen Verpflichtungen loszukommen.

D. Schluss-Ergebnisse.

Ueberblicken wir die Ergebnisse der geltenden deutschen Börsengesetzgebung, so können sie als erfreuliche unmöglich bezeichnet werden: das, was man nach den in den vorbereitenden Stadien dieser Gesetzgebung gemachten Aeusserungen vermeiden wollte, dass nämlich der Spekulant im Falle des Glückens einer Spekulation die Gewinne zwar einheimst, im Falle des Misslingens dagegen sich der Zahlung des Verlustes durch Erhebung des Differenz- und Registereinwands zu entziehen sucht, ist in vollem Masse eingetreten. Ja noch mehr: der gewissenlose Spekulant wird sogar von der Gesetzgebung derart bevorzugt, dass die Gerichte gezwungen sind, den Kommissionär, dessen sich der Spekulant zu seinen Börsenoperationen bedient hat, zur Zurückerstattung derjenigen Vorschüsse zu verurteilen, die der Kommissionär von dem Kommittenten erhalten und dem ihm erteilten Auftrage gemäss zum Abschluss von Börsenspekulationen im Interesse des Kommittenten verwandt hatte. (Vergl. E. d. R.G. vom 13. Juli 1901 und vom 17. Sept. 1902; o. S. 53.).

1. Der wesentlichste Zweck des Gesetzes, die Börsenspekulationen seitens solcher Personen einzudämmen, die beruflich der Börse fernstehen und zu deren beruflicher und wirtschaftlicher Tätigkeit der Abschluss von Börsentermingeschäften an und für sich nicht gehört, ist ebensowenig erreicht worden, wie der weitere Zweck, das berechtigte und wirtschaftlich notwendige Börsentermingeschäft vor Anfechtungen sicherzustellen und auf diesem Gebiete die durch den Differenzeinwand hervorgerufene Rechtsunsicherheit zu beseitigen und an deren Stelle klare und sichere Rechtsverhältnisse zu schaffen (S. o. S. 27.).

Was zunächst den Ausschluss bestimmter Personenkreise und Berufsklassen von der Börsenspekulation angeht, so liegt auf der Hand, dass Börsenspekulationen ebensogut durch den Abschluss von Kassageschäften, wie von Termingeschäften unternommen werden können, (wie auch das R.G. in der E. vom 8. Okt. 1902 Bd. 52 S. 250, insbes. S. 252 ausdrücklich hervorgehoben hat); dass aber derartige „Kassaspekulationen" weit gefährlicher und nicht selten viel verlustbringender, weil mit grösseren Kursschwankungen verbunden sind, als Termingeschäfte, darüber besteht unter den Sachkennern Einverständnis.

Somit ist gerade das eingetreten, was man, wie die nachstehenden Bemerkungen der amtlichen Begründung zum Entwurf des Börsengesetzes (Drucks. des R. T. N. 14 [Session 1896/97 Anl. Bd. 1] S. 27) ergeben, hat abwenden wollen:

„Muss auch zugegeben werden," heisst es hier, „dass die Ausartungen der Spekulation im Effektenverkehr vielfach auch in der Form des Kassageschäfts zu Tage getreten sind, so ist dies doch kein Grund, auf der Reform des derselben in erster Linie bedürftigen Terminhandels zu verzichten. Die Befürchtung, das Börsenspiel in Wertpapieren werde, durch den Registerzwang von der Benutzung des Terminhandels abgeschreckt, sich überwiegend der Form des Kassageschäfts bedienen, ist überdies nur bedingt als richtig zu erachten. Das Kassageschäft erfordert in erheblich höherem Grade als das Termingeschäft die Bereithaltung flüssiger Mittel für den Zeitpunkt des Geschäftsabschlusses."

Ein lehrreiches Beispiel dafür, dass auch das wirtschaftlich berechtigte Börsentermingeschäft durch die jetzige Börsengesetzgebung unmöglich gemacht wird, bietet der in der Entscheidung vom 24. Juni 1903 (Jur. Wochenschr. S. 318, No. 20; Holdheim's

Monatschr. Bd. 12, S. 247) zur Aburteilung gelangte Rechtsfall, dem folgender Sachverhalt zu Grunde liegt.

Die Kl., eine offene Handelsgesellschaft, mit dem Sitz in Glasgow und die in Deutschland domizilierte bekl. Firma hatten während längerer Zeit in Geschäftsverbindung gestanden, indem die Bekl. von der Kl. Roheisen bezog und mit ihr auch Geschäfte in Warrants machte.

Im August 1900 kaufte die Kl. im Auftrage der Bekl. Warrants über im ganzen 6000 Tons verschiedener Sorten Roheisen. Im Dezember 1900 verkaufte die Kl. im Auftrage der Bekl. diese Warrants.

Gegen den von der Kl. erhobenen Anspruch auf Zahlung des Unterschiedes zwischen dem Ankaufs- und dem niedrigeren Verkaufspreise erhob die im Börsenregister nicht eingetragene Bekl. den Differenz- und Registereinwand. Der erstere wurde verworfen, der letztere aber für begründet erachtet, indem das Reichsgericht u. a. folgendes ausführte:

„Rechtlich unerheblich ist endlich auch der von der Revision hervorgehobene Umstand, dass der Bekl. ein Grosskaufmann ist, der gewerbsmässig Roheisen kauft und verkauft. Will das Gesetz durch die Einrichtung des Börsenregisters solche Personen, die keine wirtschaftlich berechtigte Veranlassung zum Terminhandel haben, sowohl vom ausländischen, wie vom inländischen Terminhandel fernhalten, so darf doch selbstverständlich nicht deshalb die Anwendung des Gesetzes davon abhängig gemacht werden, ob im einzelnen Falle derjenige, der das Gesetz für sich anruft, zu jener Personenklasse gehört." —

2. Endlich gibt die bestehende Gesetzgebung und Rechtsprechung noch zu folgenden Bedenken Anlass:

Bisher hat es sich in allen zur Entscheidung der Gerichte gelangten Prozessen nur darum gehandelt, dass derjenige Teil, dessen Spekulationen mit einem „Verlust" abgeschlossen, den Differenz- oder Registereinwand erhoben hat. Wie aber dann, wenn auch einmal der Spiess umgedreht würde und der Bankier der Klage des Kunden auf Auszahlung des „Gewinnes" den Differenz- oder Registereinwand entgegenhalten wollte? Würde man in diesem Falle nicht von dem Wortbruche des Bankiers, von einem flagranten Verstoss gegen Treu und Glauben auf Seiten der „Börse und der Börsenleute" reden?! Und doch ist es die notwendige Konsequenz der jetzigen Gesetzgebung und der ihr konformen Rechtsprechung, dass, wenn die als „Spielverluste" charakterisierten „Differenzen" nicht einklagbar sind, auch die „Differenzen", welche dem Kunden zu Gute kommen, als „Spielgewinne" der Klagbarkeit entbehren.

Im Interesse des redlichen Verkehrs wäre es freilich bedauerlich, wenn der Bankier den Kunden gegenüber von dieser Waffe Gebrauch machen würde; vom Standpunkte der ausgleichenden Gerechtigkeit aber könnte man es keinem Bankier verdenken, wenn er Gleiches mit Gleichem vergilt.

Es ist ein beredtes Zeichen für die Ehrenhaftigkeit des Bankierstandes, dass trotz der grossen Schädigungen, die den Einzelnen der wortbrüchige Kunde durch Geltendmachung des Differenz- und Registereinwandes zugefügt, Fälle, in denen ein Bankier einem den Gewinn aus Börsenspekulationen beanspruchenden Kunden gegenüber den Register- oder Differenzeinwand erhoben hätte, bis jetzt zur Kenntnis der Gerichte nicht gelangt sind.

Wohl aber ist es vorgekommen, das der redliche Bankier welcher seinerseits die „Differenzen" ausgezahlt hat, lediglich dadurch in Konkurs geraten ist, dass seine Kunden sich geweigert haben, ihm diese von ihm verauslagten „Differenzen" zu erstatten, wozu ihnen die oben mitgeteilte Rechtsprechung des Reichsgerichts — (man vgl. z. B. die E. vom 20. Oktober 1894 Bd. 34 S. 264) — hilfreiche Hand bietet.

3. Eine Aenderung der geschilderten Missstände ist nur durch eine durchgreifende Revision der Gesetzgebung, vor allem durch eine Beseitigung des Börsenregisters und durch eine Einschränkung oder Beseitigung des Differenzeinwandes zu erreichen.[1])

[1]) Bemerkt sei, dass Wiener (a. a. O. S. 62) lediglich strafrechtliche Vorschriften gegen ein missbräuchliches Verleiten zu Börsenspekulationsgeschäften für angezeigt hält, alle generellen, die zivilrechtliche Gültigkeit der Börsengeschäfte in Frage stellenden Vorschriften dagegen für schädlich und undurchführbar erachtet.

Druck von A. W Hayn's Erben, Berlin SW. 12.

Kolibri 360 GmbH
Ferdinand-Jühlke-Straße 7
99095 Erfurt, Deutschland
produktsicherheit@kolibri360.de